▲ 甘肃敦煌莫高窟全景

▲ 敦煌月牙泉

▼ 鸣沙山沙漠骆驼队

▲ 敦煌玉门关

◀ 敦煌壁画顶竿图（宋代）

▼ 敦煌莫高窟第112窟《伎乐图》，描绘虚幻佛国歌舞的豪华场面

▲ 敦煌莫高窟第 61 窟《五台山图》局部（五代）

▲ 敦煌莫高窟第 285 窟南壁《五百强盗成佛图》(西魏)

▲ 敦煌莫高窟第 258 窟西壁南龛上诸天

◀ 敦煌莫高窟第 23 窟《雨中耕作图》(盛唐)

◀ 敦煌莫高窟第156窟《张议潮统军出行图》之一（晚唐）

▶ 敦煌莫高窟第217窟《观无量寿经变》(初唐)

▲ 敦煌莫高窟第254窟《萨埵那太子舍身饲虎图》（北魏）

◀ 敦煌莫高窟第327窟的飞天壁画（摹本）

敦煌的光彩

常书鸿、池田大作对谈录

常书鸿 & 池田大作

著

天地出版社 | TIANDI PRESS

图书在版编目（CIP）数据

敦煌的光彩 / 常书鸿，（日）池田大作著. —成都：天地出版社，2021.5
ISBN 978-7-5455-6109-8

Ⅰ.①敦… Ⅱ.①常…②池… Ⅲ.①敦煌学 Ⅳ.①K870.6

中国版本图书馆CIP数据核字（2020）第222759号

DUNHUANG DE GUANGCAI
敦煌的光彩

出 品 人	杨　政
作　　者	常书鸿　［日］池田大作
责任编辑	张秋红
封面设计	今视窗
内文排版	尚上文化
内文插图	CFP
责任印制	王学锋

出版发行　天地出版社
　　　　　（成都市槐树街2号　邮政编码：610014）
　　　　　（北京市方庄芳群园3区3号　邮政编码：100078）
网　　址　http://www.tiandiph.com
电子邮箱　tianditg@163.com
经　　销　新华文轩出版传媒股份有限公司

印　　刷	北京中科印刷有限公司
版　　次	2021年5月第1版
印　　次	2021年5月第1次印刷
开　　本	710mm×1000mm　1/16
印　　张	15.25
彩　　插	32页
字　　数	230千字
定　　价	68.00元
书　　号	ISBN 978-7-5455-6109-8

版权所有◆违者必究

咨询电话：（028）87734639（总编室）
购书热线：（010）67693207（营销中心）

如有印装错误，请与本社联系调换

目　录

原版序言　池田大作 _001
原版前言　常书鸿 _005
新版序言　常沙娜 _009

第一章　丝绸之路上的宝石

遥远的憧憬地 _002
敦煌莫高窟的开创 _011
沙漠大画廊 _017
佛典与贵重文献 _020

第二章　寻求永恒的存在

美丽的西子湖畔 _028
在战争年代中 _033

朋友和师长 _038
决定人生的相逢 _043
苦难的旅途 _049

第三章 人类闪光的遗产

苦难的岁月 _058
临摹与保护 _072
莫高窟的壁画 _078
《法华经》的由来 _091

第四章 美与创造的世界

敦煌艺术的特色 _098
艺术的作用与评价 _108
徐悲鸿先生的人格 _115
德拉克洛瓦的艺术 _117
敦煌壁画与鲁奥的艺术 _121
东山魁夷的足迹 _124
平山郁夫的画业 _127

第五章 万代友好的纽带

日本文化的源流 _132
在民众与民众之间架设心的桥梁 _136
文化交流的推进 _142
对周总理的回忆 _147
与井上靖先生的友谊 _154
祝愿持久的和平友好 _157

附录一 _163
附录二 _209

原版序言

池田大作

1974年，我初次访问中国。这次旅行是在绿色乍动的5月末至6月中旬两周多的时间里进行的。

我看到了蜿蜒曲折的长江，也目睹了雄伟壮阔的黄河；我登上了万里长城，也参观了新中国的工厂、农村，以及从幼儿园到大学的教育设施等。通过与以李先念副总理（当时）为首的各界领导和青年、民众交谈，我学到了不少东西。青年时代我就爱读的中国史书、诗集中所描绘的景象与实际目睹的情景的重叠和差距，给我带来精神上的跃动。

用照片去认识一件事物，常常会为它同预想之间的差距而惊诧，同时也为新的发现而惊喜。而站在过去只以自己的想象形成印象的景物之前时，我的内心更是欣喜不已。

例如，如果让《三国志》和司马迁《史记》的年代再一次在历史舞台上出现，那么，当时英雄们同平民百姓的生活情景就会更加鲜明。

这样的乐趣谁都能在旅行中得到，然而，这次中国之行给我的喜悦竟会如此之大。我想这或许是因为，在我的读书体验中，中国的古典诗集给我留下了特别深刻的印象。

尤其是在古都西安之行中这样的感受特别深。印度文化和西域文化从遥远的地方传到这里，远达罗马的宏伟的丝绸之路正是从这里开始。

在西安之旅的13年前，我到过印度，看到了恒河，也拜访过佛教发祥地佛陀加雅[1]。那时，从佛陀加雅出发，经过西域、敦煌、长安和朝鲜半岛最后到达日本，那遥远宏大的"精神丝绸之路"仿佛就在眼前。星换月移，我又来到西安，极目远望，吟咏西域的名诗一字一句浮现在眼前。

西出阳关无故人——阳关坐落在敦煌以西，周围是一望无尽的沙漠。站在空旷的沙漠中，一个人也不认识。王维的这句诗准确地表达了当时的心情。玉关西望堪肠断——这是岑参在西去长安万余里的玉门关上发出的悲苦绝唱。这些都带着一种现实感，使我与西域、敦煌的心理距离一下缩小了许多。

见到敦煌文物研究所所长常书鸿先生，这种距离进一步缩小。在我初次访问中国6年后，我在第五次访问时（1980年4月）才见到他。常先生和夫人李承仙女士特地到我的房间来看我。

我从未想到能遇见常先生。是经每次访问时都给予我照顾的孙平化先生（当时中日友好协会的副会长）的介绍，我们才得以愉快地相见，在春日温煦的阳光下开始我们的长谈。

常先生的人生是诗，是艺术，在他的人生中有着光辉的历史和迷人的传奇故事。

---

[1] 佛陀加雅：位于印度比哈尔邦格雅县。相传释迦牟尼在该地菩提树下悟道成佛。为印度佛教四大圣迹之一。

我们围绕丝绸之路和敦煌谈了将近两个半小时,我真恨不得再多谈一会儿。之前我对敦煌不太了解,就连"敦"是"大"、"煌"是"闪光"的意思也是在那次交谈中知道的。自从与常书鸿先生交谈后,我对敦煌的兴趣越来越浓厚。后来我们在东京再次相见时,正值我创立的东京富士美术馆举办"中国敦煌展",常先生也给予了很多关照。

我曾把对常书鸿先生感谢的情思写成诗献给他,回忆他的人生之路,祝愿他与岁月一道发出五彩的光芒。

在这样的交流中,以"敦煌"为主题的对谈集正在准备刊行。我不揣浅陋,与世界各国的各界人士出版了许多对谈集。不知不觉中,交谈对象已扩展到美国、苏联、英国、法国、西德和意大利等国家。[1] 与中国活跃在第一线的人物出版对谈集,这是首次尝试。

从复杂的国际政治到个人的日常生活,进一步到个人的深层意识,种种"人为的分裂"正威胁着和平。在这悲剧相继发生的现代社会里,我们究竟应该怎样去选择一条和谐安定的道路,在这个问题上,我们负有重大的责任。

正如丝绸之路上的敦煌文物和艺术超越遥远的岁月,成为现代人的珍贵遗产一样,我想为和平付出努力,让将来生活在地球上的人们再也看不到战争与分裂。我想,每一个与我交谈的人都会有这种想法。

在通往新世纪的"精神丝绸之路"上,我祈祷美丽的艺术之花大放光彩,像敦煌那样的和平基地在各地诞生。

---

[1] 池田大作曾与世界上很多有影响力的人进行过对话,如《展望二十一世纪》(与汤因比对谈集)、《黑夜寻求黎明》(与尤伊古对谈集)、《二十一世纪的警钟》(与贝恰对谈集)、《和平、人生和哲学》(与基辛格对谈集)等。

原版前言

常书鸿

我与池田大作先生初次会见是在 1980 年 4 月 23 日。那次见面，池田大作先生对中国的了解以及在哲学、文化艺术等方面学识之广博，给我留下了深刻的印象，特别是先生对中国文化以及对敦煌学的热情，使我们首次见面时就好似多年好友一般，"一见如故"，开怀畅谈起来。

池田大作先生作为日本人民的友好使者，曾多次访问过中国。池田大作先生与他所致力的社会、宗教文化及国际和平活动，在中国也是众所周知的。特别是早在 1968 年，池田大作先生就提出过中日邦交正常化以及恢复中国在联合国合法席位的建议，这使我们中国人民永远铭记在心。

我与池田大作先生保持着多年的友情，这是我一生中的又一快事，在我所相识的许多日本友人中，池田大作先生虽已年过六旬，但他为人热情、耿直，对生活和对人类未来充满信心，使我感觉到他还是一位年轻人。

自从我们相识后，近 10 年间不论是池田大作先生来中国，还是我去日本，我们的相见和谈话的话题总是要涉及人类文化、丝绸之路和世界上最大的、保存最完好的佛教艺术宝藏——敦煌。我们之所以在谈话中经常谈到敦煌，我想，这是因为敦煌不仅仅是佛教遗址，而且敦煌艺术体现了人类对理想境界的追求。在当时那个充满饥荒和战乱的年代里，丝绸之路的东西方文化、经济交流和佛教的东传，对于人类文明的发展与和平，起着极其重大的作用。而我们今天对丝绸之路的重视和研究，唤起了我们精神上新的丝绸之路。这在目前经济和科学技术高度发展，同时地球自然生态环境遭受破坏、国际政治不稳定的时代里，精神上新的丝绸之路对促进人类平等、消除战乱、走向永久和平，有着新的积极意义。

我与池田大作先生虽然在国籍、个人经历等许多方面有着很多不同的地方，但是，我们在童年和青少年时期却有着相类似的艰苦生活和努力奋斗的过程，所以，我十分理解池田大作先生所热心倡导的青年和平友好事业。1985年秋日，我在日本埼玉县的青年和平文化节上看到了池田大作先生尽力培养下的青年一代的团结友爱、蓬勃向前的精神及池田大作先生对青年们如慈父一般亲切融洽的感情，那情景至今还历历在目，使我感动不已。人类的未来寄希望于青年一代，池田大作先生创建的创价大学、创价高中以及中学、小学和幼儿园，还有美术馆、文化会馆等，培养出许多优秀的人才。另外，池田大作先生对中国青年和在日本的中国留学生的关怀和帮助，使我看到中日两国人民世世代代友好的光辉未来，一条五彩缤纷的新丝绸之路的彩虹将把世界各国人民的心连接在一起。

由于我与池田大作先生对东方文化有着同样的热情，因此我们在许多方面是一致的，我们彼此尊重各自国家的传统文化，尤其是在对文化艺术的热情关注及奉献精神方面，我们也有着共同的意愿。1985

年在东京富士美术馆举行的"中国敦煌展",与历次敦煌展的不同之处在于:它第一次向日本各界展示了在敦煌发现的极其贵重的经卷等历史文物。这次展览的成功,是池田大作先生及创价学会诸位先生辛勤努力的结果。在此,请允许我再一次向池田大作先生表示衷心的感谢。

中国有句俗语:"酒逢知己千杯少,语不投机半句多。"在本书序言即将结束之际,就如同我与池田大作先生的谈话一样,总是感觉还有许多话没有讲完,所以,我高兴地期待着下一次与池田大作先生见面和畅谈的机会。

最后,我想感谢建议将我们的对谈发表出版的池田大作先生,感谢为本书的出版付出辛勤努力的各位,感谢与我四十余年患难与共的生活和事业的伴侣、助手与妻子李承仙,学习和继承敦煌事业的儿子嘉煌,感谢为此书工作的诸位先生们。

新版序言

常沙娜

1992年，父亲常书鸿亲手送给我那时出版的《敦煌的光彩——池田大作与常书鸿对谈、书信录》。扉页上亲笔写着："沙娜女儿。爸爸赠，1992年4月22日。"扉页上"敦煌的光彩"题字也是父亲晚年的笔迹。

我重温了父亲与日本友人池田大作先生以对谈的形式所讲述的他为敦煌艺术奋斗终生的经历，同时顺着丝绸之路及敦煌寻觅着中日文化的源流关系，还有他陪日本的文化使者井上靖夫妇、清水正夫夫妇、平山郁夫夫妇等著名学者参观敦煌莫高窟、玉门关的诸多回忆。父亲所述和感悟都是我熟知或经历的，重温时我倍感亲切。

这部《敦煌的光彩》出版不觉已过去了约20年，此间父辈及上述学者大都已相继辞世，成为故人。如今再版此书，有着更为深远的意义。

随着岁月的流逝，父亲常书鸿在20世纪所走完的人生已成为不能忘记的历史。同样，当时日本的几位著名学者也为中日友好、文化交流、维护世界和平做出了积极贡献。这些都应该作为历史的延续。正如池田大作先生当时与我父亲对谈时所祝愿的那样："……世界和平的曙光已经来临，特别是扩大和平交流，反映了人们的愿望和心声。我将尽自己的努力，为中日友好缔结更牢固的纽带。衷心祝愿通向和平的小溪在前进的途中变作宽阔的长江大河！"

如今，作为常书鸿的女儿，我也已进入老年，回忆历史，更加深切地领悟到父亲所走的人生道路是在为祖国的民族文化艺术寻求永恒的存在，也愈加理解父亲终生对理想那种矢志不移的追求精神。他凭借执着的信仰一生都在守护敦煌的光彩事业，他在充满磨难的生活中获得欣慰。他在与池田大作先生的对谈中，生动而真实地就"敦煌的光彩"讲述了诸多亲身经历和有所感悟的故事。如今这些虽已成为历史，但我们不能忘记历史，只有继往开来、承前启后，才能有新的发展和进步。

在此要感谢池田大作先生当年与我父亲常书鸿进行了如此有意义而珍贵的对谈。这得益于敦煌佛教艺术给予的缘分。

谨此，祝愿池田大作先生经过半个世纪的努力，在 21 世纪实现"为中日友好缔结更牢固的纽带"的愿望。

遥远的憧憬地

池　田：敦煌，是丝绸之路上的一颗宝石，它具有光辉的历史和灿烂的文化，这一点是毋庸置疑的。一说到敦煌，人们马上就会联想到常书鸿先生的名字。常先生为了保护和介绍敦煌珍贵的历史文物，倾注了数十年的心血，对此，在日本也是众所周知的。与常先生对话，就如同去敦煌进行了一次愉快的实地旅游——自从10年前（1980年）在北京与先生初次见面后，每次与先生交谈，我都深受感动。我拜读了先生的大作《敦煌的风铎》《我与敦煌》《敦煌的艺术》等，因此我很想进一步了解先生所走过的人生道路，也很想知道先生在人生不同阶段的经历。能有这次再与先生交谈的机会，使我能更深刻地了解敦煌的美和先生的为人，我感到非常荣幸。

常书鸿：谢谢您的夸奖。我觉得在共同的思想下进行交流，是一件非常愉快的事情。在我们中国，有这样一句俗语"酒逢知己千杯少，话不投机半句多"，也就是说，喝酒时，若遇上知心的朋友，即使喝上千杯，也觉得不够；而要是和不投脾气、不同志向的人在一起交谈的话，半句也显得多余，与性格和志向相同的人在一起交谈，才能产生心灵的共鸣。因此，我拜读了先生的著作和讲演词，从中可以看出先生对敦煌有着极大的兴趣和执着的追求。

池 田： 实在惭愧。很久以前，我就想一定要找机会去敦煌参观一下。从"敦煌"这个词，人们立刻就会想到古代那遥远的丝绸之路——一条从古都西安出发，经过兰州、河西走廊、天山山脉、塔克拉玛干大沙漠、中近东国家，最后到达罗马的横贯亚欧大陆的宏伟之路。

这不仅仅是一条进行商业贸易的通道，也是一条文化交流之路。对日本人来说，对这条通道更具感情的原因是，佛教通过它而传入了日本。这条道路有很多地方是在恶劣的自然环境下开拓出来的，其中有艰险的路，有吞噬人类生命的广阔无垠的沙漠、酷热的地表、严寒的山脉。然而，就是靠着这样一条道路，东西方的人们不断进行友好往来，相互交流传递新兴文化。敦煌作为丝绸之路上的文化集聚地，是各个民族和不同种族的人们进行交流的悠久历史舞台，也可以说是由不同文化背景的人们所创造的辉煌的绿洲。这里密集了人们"不灭的灵魂"，这里有着迈向和平的无限光源。特别是对我们来说，这里有着重大的历史意义，就如同刚才所说的那样，敦煌不仅是佛教，尤其是大乘佛教东传的中转站，而且还是一个空前的佛教的摇篮。在这里，无数默默无闻的人们创造了光辉灿烂的文化。从这一点来说，向常书鸿先生了解敦煌的事情也是很有意义的。

常书鸿：您对敦煌抱有如此巨大的兴趣，在此之前，我想一定是有什么理由促使您这样做的吧？请问池田先生，您是在什么时候、哪个地方、通过什么方式，了解到敦煌的呢？

池　田：我初次接触到敦煌，是在上小学五年级的时候。学校的教室里，挂着一张很大的世界地图，我总是边观察地图，边仔细看敦煌附近的地方，心想："这附近大概人烟稀少吧，真想亲眼去那儿看一下。"有一次，班主任桧山先生问我们："大家都喜欢到世界上哪个地方去啊？"这时，我回答说我想去中国的敦煌。因为当时正值中日战争[1]时期，所以大家对中国都极为关心。

桧山先生就对我说："池田君，那地方叫敦煌。可是你知道不知道，在那里有着无数价值连城的珍宝？"听了老师的话，我就想，在那种人迹罕至的地方会有宝物，真是不可思议啊！这件事情留给我的印象特别深。从此以后，我便经常看着戈壁沙漠、昆仑山脉、天山山脉的地图，这更唤起了我的冒险心。敦煌在我心中就成了一个伟大的梦，成了我心中向往的地方。当时，我在心中暗暗立誓：有朝一日，我要成为一名日中友好的使者，实现去敦煌访问的梦想。这些念头，至今我仍记忆犹新。

常书鸿：您读过什么有关敦煌的书籍或者看过有关的新闻报道吗？

---

[1] 中国称"日本侵华战争"。

第一章
丝绸之路上的宝石

池　田：当我读了司马迁的《史记》和《十八史略》等中国古典史籍以后，西域[1]作为一个历史的舞台，就以明确的轮廓出现在我的视野里。张骞奉汉武帝之命出使西域，到达月氏[2]等地的传奇经历，还有李陵和苏武的故事，也都给我留下了极为深刻的印象。我对被埋没的丝绸之路文化的无穷好奇心，在读了冒险家海金和斯坦因[3]的游记以后进一步被激发。而且，在《唐诗选》中，有许多歌咏边塞的优秀诗篇。例如，亲自到过西域的诗人岑参的《胡笳歌》、王昌龄的《从军行》、王翰的《凉州词》等，在日本都广为人知。《乐府诗集》里，有一首王维的离别诗，描写的是送别朋友将赴西域时的情景：

> 渭城朝雨浥轻尘，客舍青青柳色新。
> 劝君更尽一杯酒，西出阳关无故人。
> （《新唐诗选》，岩波书店新书）

出了阳关（位于敦煌的西南部，与玉门关同为通往西域的门户）以后，就没有自己所认识的人了。读了这首写给即将踏上征途的朋友的名诗，一望无际的沙漠，那遥远的世界仿佛就在眼前。

---

[1] 西域：汉以后对玉门关、阳关以西地区的总称。狭义上专指葱岭以东而言，广义则指凡通过狭义西域所能到达的地区，包括亚洲中西部、印度半岛、欧洲东部和非洲北部在内。

[2] 月氏：古代少数民族。汉朝时遭匈奴攻击，大部人西迁新疆伊犁一带，被称为大月氏；少数没有西迁的人进入南山（今祁连山），与羌人杂居，被称为小月氏。

[3] 斯文·海定（Sven Anders Hedin，1865—1952）：瑞典著名地理学家和大探险家。
　斯坦因（Mark Aurel Stein，1862—1943）：英国考古学家。1900年至1916年间曾3次深入我国新疆、甘肃等地，进行非法测量和偷盗文物的活动。曾从敦煌盗走在石窟里珍藏了千余年的大量写经、古写本、佛教绘画和版画等。著有《古代和阗》等书。

另外,同样令我难以忘怀的是同汤因比[1]博士的一次对谈。当我问道:"如果能再有一次生命的话,您希望在地球上的哪个地方出生?"博士立即答道:"我希望在中国出生。"我又问:"您希望在历史上的什么时候、哪个地方出生呢?"博士这样说:"公元纪年刚开始的时候,大乘佛教从印度经新疆传到东亚。我很希望能在佛教、印度文明、古希腊文明、伊朗文明和中国文明等诸多文化融合的种种环境中生活。"博士的这些话语,至今仍非常清晰地回荡在我的脑海中。

常书鸿:还有这样的事情啊!

池田:我具体地知道敦煌文物的情况,是通过1958年1月在日本举行的"中国敦煌艺术展览会"。那时,常先生也来了日本。这一年,我的恩师户田先生[2]逝世了。"中国敦煌艺术展览会"在东京举办的时候,正是恩师去世前几个月,那时对我而言,如同卷入了疾风怒涛般的旋涡之中。因此,我没能到展厅去亲自参观,只是看了展览的内容介绍、论述敦煌艺术的学术论文以及图片等,这些内容大大超出了我以前通过书籍所能了解的范围。公正地说,当知道敦煌有如此之多的历史遗产时,我是深感震惊的。

实际上,真正目睹这一了不起的历史文化遗产,是在1985年东京富士美术馆举办"中国敦煌展"的时候。这次"中国敦煌展"是由贵国文化部文化事业管理局、敦煌研究院和敦煌县博物馆等单位联合

---

[1] 汤因比(Arnold Joseph Toynbee,1889—1975):英国历史学家。著有《历史研究》和《展望二十一世纪》(与池田大作对谈集)等。

[2] 户田城圣:日本社会活动家,创价学会第二任会长。

举办的，展出了许多珍贵的历史文物。我从内心里对你们的工作表示感谢。

常书鸿：东京富士美术馆的"中国敦煌展"是继在东京、京都举办的"中国敦煌艺术展"（1958年），在东京举办的"中国敦煌壁画展"（1982年）之后，又一次大规模的敦煌展览会，它在池田先生及创价学会诸位先生的共同努力下，取得了很大的成功。与前几次展览比较，这次展览有它独自的特色。

展览内容除了敦煌各个时代有代表性的壁画临摹作品，还有敦煌的出土文物、珍贵的汉代木简，以及从来没有向国外展示过的敦煌写经，北魏太和十一年（487年）的刺绣佛画，图解本西夏文字的《妙法莲华经观世音菩萨普门品》，唐代《地志》《紫微垣星图》《占云气书》等。这次"中国敦煌展"，可以说是敦煌文化第一次比较全面地在国外展出。我想，这样说不算过分。

池　田：有一点，我想具体地请教一下。据说，在公元前11世纪左右，在敦煌就有少数民族居住。《史记·大宛列传》中有如下记载："始月氏居敦煌、祁连间。"作为月氏活动的场所，敦煌的名字也同时明确地被载入史册。据史书记载，汉武帝时代（前141—前87），正式设置了敦煌郡。从古至今，敦煌实际上已有2000多年的历史，包括它最强盛的时代在内。它荣枯兴衰的情况，到底是一种什么样的过程呢？

常书鸿：在唐朝（618—907）的晚唐时代，敦煌特别繁荣。经五代（907—960）、宋朝（960—1279），到元朝（1206—1368）时已逐渐衰败，明朝（1368—1644）时随着嘉峪关的关闭，敦煌也完全萧条下来。正因如此，明朝没能遗留下来明朝时期的壁画作品。虽然到了清代（1616—1911）的雍正年间，对敦煌进行了大规模的整修，但是唐朝时期的那种盛况已经一去不复返了。现在的敦煌县是清朝雍正三年（1725年）设立的。

当时，有一个名叫汪德容的人，经过敦煌时，曾这样写道："今寺已久湮，而图画极工。（虽然寺院早已被埋没，但是壁画仍然奇美无比）"

嘉庆二十五年（1820年），西北历史地理学家徐松在他的《西域水道记》中，对莫高窟有着极为详细的记载。

光绪五年（1879年），匈牙利人洛克济到莫高窟参观，他是第一个到达这里的外国人。他对这些始料未及的发现和收获大为吃惊。如您所知，莫高窟之所以能震惊全世界，就是因为光绪二十六年（1900年）在"藏经洞"中新发现的经典和书籍。

池　田：在马可·波罗[1]的《东方见闻录》中，也有关于敦煌的记载。马可·波罗在13世纪后半期，周游亚洲，写下了后人皆知的《东方见闻录》。据此书记载，当时的敦煌正处于元朝的统治之下，是"大汗的领土"。而且塔寺的居民大部分是佛教徒，很多的聂斯脱利派（基督教的一个派系）和穆斯林也居住在这里。对此类事情，该

---

[1] 马可·波罗（Marco Polo，约1254—1324）：意大利旅行家。曾在元朝做官，遍游中国各地。回国后著有《东方见闻录》，亦称《马可·波罗游记》。

书都有记载。但是，或许马可·波罗所看到的是一个日趋衰落的敦煌，所以，我们从他的《东方见闻录》中可以看出，敦煌留给他的印象并不是太深刻。

总之，说到"敦煌"这一概念，一般就是指清代所设置的敦煌县和清代以前就早已存在的故城址，还可以算上位于敦煌东南方向大约20公里处的莫高窟，其中包括石窟群、窟内壁画、塑像等贵重的历史文物。一般说来，都是把敦煌分为这三部分。我听说在故城址出土了北魏时代（386—534）的石造佛塔。故城址和莫高窟铭刻着清代以前的古老传统和历史的遗迹。所以，我想先生一定期待着今后还能陆陆续续地发现更多、更有价值的历史文物吧！

常书鸿：我坚信，有着悠久历史的故城址，一定保存有大量未经发现的珍贵文物。在漫长的历史岁月中，由于自然的风化、腐蚀作用和人为的破坏，有的遗迹已经崩溃，有的甚至已被流沙埋没。举个具体例子来说吧。1963年，正值我们对莫高窟进行全面强化施工之际，在洞前挖土时，人们从地下四五米的地方发现了新的石窟和窟前寺的遗迹。这一事实充分说明了一个问题，那就是现在的莫高窟的地面要比唐代、宋代时期莫高窟的地面高出4米以上。这一发现，对于我们这些调查、研究莫高窟遗迹的人来说，是极为重要的，它有着极高的价值和重大的历史意义。

1958年，在离北洞窟的边线50米的地方，从地下5米处，我们发现了一座寺庙的遗址。经考察发现，这座寺庙是被大火烧毁的。根据这些事实，我们坚信，今后在莫高窟附近一定会发现许许多多更有价值的遗迹和文物。

池　田：随着莫高窟和敦煌故城址的持续挖掘，唐朝时期建有17个大寺院的敦煌景象也会越来越清楚地展现在人们面前。

常书鸿：的确如此。敦煌故城址有着极为悠久的历史。但是，令人难以想象的是，到了明代，敦煌故城址却被人们遗弃了。此后，又遭到了人为的破坏或被流沙埋掉了许多。敦煌故城址位于现在敦煌县城的西侧，被人称为"沙州故城"。我想，今后对故城址大规模的发掘将是一件非常有意义的事情。

池　田：《大唐西域记》的作者玄奘[1]周游了印度和西域。但是，在他的《大唐西域记》中，却没有留下有关敦煌的记述。当时的敦煌在历史文献中是怎样记述的呢？

常书鸿：玄奘从印度取经回归唐土的路上，顺便到过敦煌。但是，由于时间极为紧迫，没能长期逗留，因此，在他的《大唐西域记》中，没有留下关于敦煌的记载。不过，根据历史文献记载，当时的敦煌非常繁华，商人大贾云集于此，而且每天集市分朝市、昼市、夜市3次，可谓盛况空前。

---

[1] 玄奘（602—664）：唐代高僧，旅行家。他曾历尽艰辛，到印度学习佛经。历时17年才回到长安，译出1000余卷经书，著有《大唐西域记》一书。

敦煌莫高窟的开创

池　田：根据《李怀让重修莫高窟佛龛碑》记载，敦煌莫高窟的第一座石窟是前秦建元二年（366年）开始创建的，而且在碑文中还记述了这样一件事情：

366年，沙门乐僔、法良两人相约而行，漫步在附近的山野之中。突然间，他们发现山顶被金色所笼罩，闪闪发亮，宛若千佛正现真身。随后，他们便就地造石窟一座，以作纪念。这可以称得上是莫高窟开创的由来。但是，后人不禁要问，僧人乐僔所看到的千佛现身到底是一种什么样的现象呢？还有，据说位于黄河上游的炳灵寺石窟的"炳灵"一词源自西藏语"十万佛"或"千佛"，是这样吗？

常书鸿：最初记载"三危山上的金光"这种莫高窟奇异景色的文献，确实如您刚才所说的，是在莫高窟的第323洞窟中发现的唐朝圣历元年（698年）修复莫高窟佛龛时所建的《李怀让重修莫高窟佛龛碑》。我在莫高窟生活了几十年，曾经见到过这样的情景。这种金光看起来确实是一种非常美丽的景色，特别是在盛夏八月雨后（敦煌是沙漠气候，降水极少）的傍晚，位于莫高窟东方的三危山，夕阳西斜，宛如完全熟透了的橘子一般，呈现出金黄色。三危山的背后是渐渐变暗的天空，前方是暗淡的呈茶色的沙漠，唯有照在三危山上的夕阳显出极为清晰的金黄色。在带状的金黄色背景下，山脉看上去宛若千尊佛并列而坐，我经常登上屋顶，去把这种美丽的景色用画笔画下来。

20 世纪 50 年代，我曾和著名画家叶浅予先生、李斛先生一起在莫高窟看到过这种奇异的景色。如李斛先生所说："那些小山，看起来确实像千佛并列。"叶浅予先生惊叹道："那些山顶，简直像文殊菩萨在静坐。"1978 年，画家冯真告诉我，他看到了金光由三危山向四方投射的景色。他说，当时觉得美丽异常，大为震惊，可一瞬间金光又消失得无影无踪。我儿子嘉煌也曾看到过类似的景色。他经常在山顶上画画。当太阳西斜，刚接触到地平线的那一瞬间，从三危山方向放射出了千万道金色之光，他急忙拿出相机想拍摄下这种情景，可是已经来不及了。虽然这种金光在极其偶然的情况下才能看到，但是我认为，唐代《李怀让重修莫高窟佛龛碑》的碑文中所记载的僧人乐僔看到的若千佛现身的金光是确有其事的。这种金光给了画家、诗人许许多多的灵感与梦幻。每当我看到金光，想象"千佛静坐"的情景时，我的心总是为之陶醉，每次都沉浸在无垠的遐想之中。

池　田：真是奇妙。听了常先生的一席话，我对于敦煌莫高窟开创的经过和文献中记载的"千佛"的具体形象有了越来越清晰的认识。不过,关于"千佛"这一词,《法华经》[1]中的《普贤菩萨劝发品》中有这样的记载:"是人命终,为千佛授手,令不恐怖,不堕恶趣。"(创价学会版《妙法莲华经并开结》,667页)

在日莲[2]大圣人的御书里,有的地方也引用了《普贤菩萨劝发品》中之文句,比如:"千佛者,千如之法门也。谤法之人,狱卒来迎;法华经行者,千佛来迎。"(《日莲大圣人御书全集》,815页)

"非一佛二佛,非百佛二白佛,来迎授手者乃是千佛之事。"(《日莲大圣人御书全集》,1405页)

这些话充分显示了《法华经》的独到和伟大之处。

净土三部经中说,信仰阿弥陀佛,此人命终时,观音菩萨和大势至菩萨就会来迎接他。与此相对,《法华经》里是以"千佛来迎"这种形式庄严、规模宏大、气势磅礴的表现方式来凸显其独到与伟大之处的。正因如此,"千佛"一词对我们来说,就成为一个非常亲切的佛教用语。

我又想起了大乘佛典中象征佛和佛国土的描绘。在《法华经》的序品中,有对这样一种场面的描写:从佛的眉宇之间,放射出了一道光芒,照亮了东方18000个国家的土地,结果这些国家的大地都变成了金黄色。看到过三危山金色光芒的人们,在那一瞬间,大概都沉浸在一种看到佛国的庄严气氛之中吧。

不过,在敦煌除了"三危山",还有鸣沙山,人们在鸣沙山的断

---

[1]《法华经》:全名《妙法莲华经》,后秦鸠摩罗什翻译。主张人人皆可成佛,并强调只有《法华经》才是"一乘"之法,其他教法只是引导众生接受"一乘"法的方便而已。

[2] 日莲(1222—1282):日本佛教日莲宗创始人。12岁从道善修密教,18岁剃发,遍学诸宗,后专习天台《摩诃止观》。著有《观心本尊钞》《开目钞》等。

崖上营造了许多石窟。而且,"鸣沙山"这个名字本身也是一个非常有趣的问题。我想请教一下常先生,为什么把它叫作"鸣沙山"呢?

常书鸿:当人们从鸣沙山往下走的时候,会听到流沙相互撞击、摩擦发出的细小声音。这种声音如同乘坐飞机时所感觉到的微弱震动的声音,"鸣沙山"就因此而得名。

池　田:我听说鸣沙山东西长 40 多公里,这样大规模连绵不断的沙丘是怎样形成的呢?

常书鸿:1963 年,我们曾经和有关专家一起开会,讨论了沙子和沙丘的形成问题。在会上,就鸣沙山的形成,我请教了沙漠问题研究专家。不过,对于这个问题,学者们意见各异,没有形成一个统一的见解。通过比较各家之说,我比较倾向于这样一种解释:在鸣沙山的底部,原来是一座普通的山脉,由于两侧的沙丘向东移动,把大大小小的山脉全部覆盖起来,因此就形成了人们今天所见到的鸣沙山。

池　田:听人说,在鸣沙山下,有一道千百年来都不干涸的、不可思议的泉水,是吗?

常书鸿:在鸣沙山下,确实有一处四面被沙丘包围着的泉水,因为它的形状极像"月牙",所以都把它叫作"月牙泉"。月牙泉处在沙丘的包围之中,当风从东向西吹的时候,沙子落在西面的沙丘上,不会掉进泉水里面;当风从西向东吹的时候,沙子落在东面的沙丘上,也不会掉进泉水里面。因此,这个泉中的水,千百年来从没有干涸过。根据汉代的传说,这儿是天马的出生地。

池 田:在月牙泉采集到的沙子被人们称为"五色沙子",这一名称又是怎样得来的呢?

常书鸿:在鸣沙山,流沙有大粒沙子和小粒沙子两种。大粒的沙子尽管比芝麻粒还小,却有各种各样的颜色,如淡灰色、黑色、粉红色、紫色等,实际上应该是比五种颜色还要多。不过,人们只是从颜色多这个意义上把这种沙子叫作"五色沙子",并不是只指五种颜色。

池 田:明白了。在鸣沙山的断崖上最初开掘石窟,是公元4世纪时的事情。从那以后经过大约1000年的不断开掘,据古书记载石窟的数量已达千余个,其中被人遗忘者有之,崩溃者也有之,现存492窟。不过,现存的数量与新中国成立前相比,增加了183处。我想,今后肯定还会再发掘出新的遗址。

常书鸿:1943年,我来到敦煌莫高窟,当时洞窟的编号,是使用张大千[1]先生编就的号码。张大千先生对位于大石窟通道上的小石窟使用了附属编号。从1947年开始,我们对莫高窟的所有洞窟重新进

---

[1] 张大千(1899—1983):四川人,著名画家。1941年至1943年主持敦煌莫高窟的临摹和研究工作。代表作有《烟雨归舟》《停舟听雨》等。

行了编号。由于当时所有的小石窟也全都编了号，因此加起来总共有 468 处之多。1953 年，在进行拆毁洞窟前面底座的施工和 1963 年为了对石窟进行全面修理而进行周围加固的施工时，新发现了 24 处洞窟。实际上，在莫高窟有 700 多个洞窟，在这些洞窟中，只是对有壁画和塑像的洞窟编了号，合起来有 492 处。虽然在北边区域还有许多石窟，但因为里面没有壁画和塑像，所以没有对它们进行编号。对于您刚才问的，今后是不是有可能再有新的发现，其实 40 多年来我一直没有放弃过这个念头：新发现是可能的。在整修加固的施工中，或者是在调查中，我的头脑里经常会有这样的想法。

池　田：在莫高窟，最大的石窟是哪一座呢？它的规模有多大？最小的又是一种什么样的情况呢？

常书鸿：洞窟的大小从高度及占地面积两部分来衡量。最高的洞窟是第 96 窟，有 9 层楼那么高，里面的弥勒大佛高 33 米。要从面积来讲，最大的是五代建成的第 61 窟，横宽 13 米，纵深 14 米。最小的石窟是第 37 号窟，确实很小，小到连人都进不去。

沙漠大画廊

池　田：敦煌石窟中的绘画，是从 4 世纪到元代近千年的历史长河中遗留下来的珍宝。当您观看这些绘画的画集或者是图录时，您仿佛能感觉到那些生活在北凉、北魏、北周、隋朝、唐朝、五代、宋朝、西夏、元朝等历史时代的人物的气息，甚至能感受到他们的生活方式、他们对美的执着追求以及祈愿和平的心。

常书鸿：中国古代的绘画资料，大部分都流失到了海外，残存下来的很少。一些历史建筑物，由于自然的侵蚀以及人为的破坏，大部分都已趋于崩塌，甚至灭迹。只有敦煌，比较完整地保存了历代绘画的风格和佛教资料，所以，这些文化遗产对我们来说极为重要，把它们称为"沙漠大画廊"毫不为过。

池　田：确实是珍贵的历史文化遗产。据说这些绘画的总面积加起来有 4.5 万平方米，如果把它比作纵高 1 米的一幅画的话，那么横长就有 45 公里之多。从这样的规模来看，完全可以称得上是空前的大画廊。在莫高窟的北部发现了无名画家们居住的洞窟群，在那里，他们给后世留下了这些无与伦比的精美绘画。当时，他们是怎样生活的呢？我想听常先生介绍一下。

常书鸿：我们把这样的洞窟称为"画工洞"。"画工洞"内高度很低，正常人都难以直着站起来，从这一点可以看出，他们的生活极为艰苦。现存有关画工们的资料非常少，但是敦煌文献记载了这样一个事实：开掘洞窟的石匠和画家们，由于贫困，不得不将孩子作抵押来借钱维持生活。

池　田：这些事情的确令人非常痛心。但是，为什么他们在如此艰苦的生活环境中，还能给我们留下数目巨大、艺术价值极高的石窟呢？在成就这些事业的背后，他们一定有着对于永恒存在的信仰。在这里，我们不难想象，正是由于对佛教的笃信，画工们才有了精神支柱。

常书鸿：虽然没有详细的历史资料供我们分析了解，但是，我们可以想象到，画工们整天都是蹲着或是伏在地上精心地绘画、雕刻。他们极为认真地工作，给后人留下非常精美的艺术珍品。在困难的生活环境中，他们的这种勇气和毅力是无法用金钱衡量的。我想，只有虔诚的信仰，才能作为他们完成这一伟大事业的坚强支柱。

池　田：壁画中对民众的生活也有所描述，我想这也是研究民众生活的宝贵历史资料吧？

常书鸿：1950 年，我以《敦煌壁画——人间的生活》为题，写了一篇论文。在这篇论文中，我总结了壁画中描绘历代人民生活的资料。壁画中对当时生活的描绘可以说是栩栩如生的，特别富有生活气息。壁画上面所描绘的一些生活习惯，至今还可以从人们的生活中看到，比如在农村常见的牛拉犁耕田的情景，与壁画中所描绘的一模一样。换言之，壁画非常真实地反映了人们当时的生活状态。在壁画中还可以发现古代文献中记载的各式各样的事情。因此，敦煌壁画也可以称作宫廷和平民生活的大百科全书。

佛典与贵重文献

池　田：敦煌之所以能引起全世界高度关注，正如刚才所说的那样，是因为20世纪初，在莫高窟的第17号洞窟发现了大量的经卷、书画和文献，据说是多达四五万卷的贵重遗产。为什么在那里会留下如此繁富的珍贵历史资料，这也成为井上靖先生的小说《敦煌》的题材。这其中大部分的资料，被英国中亚探险家斯坦因和法国汉学学者伯希和[1]带到国外去了。剩下的8000卷后来被运到北京。如此重要的文献流失到海外，不得不说是非常遗憾的事情。

常书鸿：我以前曾主张，把散失在各国的文物、古代文献等归还到敦煌，供各国的学者以及中国学者共同研究使用。过去，由于缺乏爱国心的腐败官僚不负责任，致使在藏经洞发现的物品几乎全部流失

---

[1] 伯希和（Paul Pelliot，1878—1945）：法国汉学家。1906年至1908年间曾在中国活动，从敦煌千佛洞盗走大量珍贵文物，运往巴黎。著有《敦煌千佛洞》等。

到海外。

　　这些东西，内容极为丰富。例如，有绘画，有各方面的古代文献，包括历史、地理、宗教、古代科学技术、平民生活、服饰、军事、小说、通俗文学等。要想进行全面的研究，就必须把这些资料集中起来，才能给学者们提供非常优良的研究条件。不过，单单从艺术性这一角度来看，敦煌也不仅仅是中国一国的私有品，而应该是世界的艺术宝库。

　　池　田：把人类的瑰宝归还故乡——我完全赞同。只要有机会，我就会如此呼吁。下面，让我们稍微变化一下谈话的角度——从20世纪初发现第17窟藏经洞以来，敦煌引起全世界的关注。当先生第一次进入第17窟藏经洞时，您有何感想呢？

　　常书鸿：话要从我1936年在法国巴黎看到由伯希和编辑的《敦煌千佛洞》一书说起。根据伯希和的《敦煌千佛洞》所载，藏经洞是装满丝绸绘画及写经的洞窟。可当我到敦煌进入此窟后，发现里面已经空空如也，经卷已不复存在，宛如人们搬家以后留下来的一座空房子，感到非常空寂。壁画上的供养侍女和供养比丘尼静静地站在菩提树下。供养侍女的脸上充满善良的微笑，仿佛在向我轻声诉说着什么："终于把你盼来啦，我的孩子。请你自己看看吧，我很惭愧没能保护好这满屋子的珍宝。我默默地站在这里，要告诉所有到这儿来的人们这究竟是怎么一回事，因为我是历史的见证人。"那时，我在心中暗暗发誓：我要永远站在莫高窟的大地上，使她不再遭受任何灾难和蹂躏。

池　田：您讲得太好了。据说，这座藏经洞是公元848年汉族再次统治敦煌时修建的，和劳苦功高的洪䛒和尚有关系。这是依据什么理由做出的判断呢？

常书鸿：当发现藏经洞之际，里面有晚唐大中年代的《洪䛒告身勅牒碑》。王道士把这座碑从藏经堂中搬了出来，安放在第16洞窟通路的北壁上。由此我们就可以明白，第17窟的藏经堂实际上就是供奉洪䛒和尚的地方，洞中只有佛坛和神龛之类的东西，但没有应该被供奉的洪䛒和尚的塑像。以后在对洞窟进行调查的时候，发现了位于右侧的第362号小洞窟，里面放有晚唐时雕塑的和尚塑像，这个塑像的艺术风格和尺寸大小，正好与我想象的藏经堂中缺少的洪䛒和尚塑像相吻合。经过详细研究，结果证明这座雕像就是藏经堂中洪䛒和尚的塑像。因此，在1963年，对洞窟进行加固施工时，我们就把这座塑像从第362窟移到了第17窟。同时，把《洪䛒告身勅牒碑》也移到藏经堂。我在石碑的背面题字，记述了石碑的历史和发现经过。

池　田：原来如此。您的解释明白易懂。不过，刚才您说过，在敦煌的文物中，佛教经典是1900年在藏经洞（第17窟）发现的，此后，常先生到达敦煌之后，又在藏经洞以外的地方发现了经文。这些文物，请问您是怎样发现的？作为贵重历史文物的见证者，我想请您把当时发现时的情况、背景等做一个详尽的介绍。

常书鸿：国立敦煌艺术研究所设在离敦煌县城25公里的莫高窟，四面都是荒无人烟的沙漠。从敦煌到莫高窟，只有一条人们长期行走形成的羊肠小道。

主要的交通工具是牛车、马、骡等。1943年，刚设立敦煌研究所的时候，为了拉车和耕田，我们购进了两头驴和一头牛，虽然还想再买一匹马，可是由于研究所的经费不足，没买成。有一天，我从当时的敦煌县县长陈西谷先生那里听到这样一条消息，说县法院从在南山被捕的土匪那里没收了一匹枣红色的马，如果研究所需要这匹马的话，就送给我们。在敦煌有两种马，一种是拉车用的马，一种是被训练出来可以骑乘的马。

这匹枣红马是一匹很好的坐骑。我们要下了这匹马以后，饲养的家畜就有4头了。作为饲养家畜存放饲料的场所，我们选择了位于中寺（皇庆寺）后面的一座小庙。在庙里，有清朝末年创作的3尊塑像。因为这些作品品质不是太好，价值也不太大，所以我们就决定把它们移到别的地方去。

敦煌塑像的一般创作方法，是先在中心放一根木头，在木头的上端再绑上一根木头，呈十字形，周围用草和芦苇严实地包起来；在上面用麦秸和泥作大致的形状，然后用绵和细泥来完成细部和表面，最后才能着色。1944年8月30日，我们开始移动庙中的3尊塑像时，注意到这些塑像的制作方法和一般的塑像不大相同。研究所负责移动施工的资深工作人员窦占彪向我汇报说："我们想试着移动庙中的3尊塑像，可是由于这些塑像中心的木棒在土台基座下埋得很深，因此无法移动。因为没有别的办法，所以只好毁掉塑像，拆毁后发现塑像中心的木棒是桃木的。敦煌的古代居民大都迷信神灵，他们相信用桃木可以驱逐鬼害，因此选择用桃木做塑像的中心棒。而包木头的材料既不是草，也不是芦苇，而是写经的残片。因此，我就立即跑来向常书鸿所长报告了。"

池　田：这简直是一个难以预料的新发现！

常书鸿：我也觉得这件事情很奇怪。听完汇报后，我立即就去现场进行调查。包桃木的确实是写经的残片，是用麻纸写成的。从纸质和字体来看，可以断明是北朝时期的作品。因为这是一个非常重大的发现，所以我立即就把这些写经加封，妥善地保存下来。然后，立即和研究所的全体人员（董希文、李浴、苏莹辉、陈延儒、张琳瑛、邵芳、陈芝秀、辛普德、刘荣曾等），会同当时正在敦煌对佛爷庙进行调查、发掘的中央研究院的考古学家夏鼐、向达[1]等一起进行了鉴定。共计有经文等66种，残片32片，这是继1900年藏经洞发现以来的又一次重大发现。

这次发现，还有另一重要意义。我问了当时住在莫高窟寺院的老住持。他说，庙中的这些塑像，在1900年发现藏经洞之前，就早已经有了。也就是说，这些写经并不是藏经洞内的东西，从纸质和字体来看，是六朝的遗品。这次发现，证明在第17窟藏经洞之外，也有发现写经的可能。40多年来，我一直坚持这种观点。我认为今后在敦煌一定会发现新的洞窟、写经和壁画。

---

[1] 夏鼐（1910—1985）：考古学家，浙江温州人。1943年任西北科学考察团历史考古组副组长赴敦煌考察。

　　向达（1900—1966）：历史学家，湖南溆浦人。1941年赴敦煌考察，首先提出将千佛洞收归国有；1943年任西北科学考察团历史考古组组长。

池　田：也就是说，以后完全有可能从各种不同的地方发现大量的贵重资料，这种可能性毋庸置疑。

第二章

寻求永恒的存在

美丽的西子湖畔

池　田： 听说，常先生出生在风景如画的杭州。

常书鸿： 是的。

池　田： 杭州确实是个好地方，我曾经去过一次。

常书鸿： 您是什么时候去的？

池　田： 1974 年，第一次来贵国访问时。当时，东京和北京之间还没有通航，我从香港绕道广州到达北京。在北京，我见到了当时的李先念副总理，还访问了北京大学，后来又到上海和西安进行访问。记得到达杭州是在一天深夜，第二天傍晚，按照日程安排，又回到了上海，真是匆匆忙忙。当时，中日友好协会的孙平化会长（那时为副秘书长）一直陪同我们。

常书鸿：我出生在风光明媚的西子湖畔，少年时代、青年时代，一直都是在这如画的地方度过的。

池　田：唐朝大诗人白乐天（白居易）曾称赞杭州的景致天下无双。苏东坡（北宋著名诗人）有一首非常有名的七言绝句歌颂西湖美景："水光潋滟晴方好，山色空蒙雨亦奇。欲把西湖比西子，淡妆浓抹总相宜。"（《苏东坡诗集》，金冈照光译，角川书店出版）我们去的那天，正好下着雨，确如诗人所描绘的那样"雨亦奇"。我们游览了"三潭印月"（西湖十景之一），烟雨漾漾的西湖，的确别有一番韵味。下了游船，在花港公园稍稍避了一下雨，在这当儿，我与一位来自山东省的11岁小男孩交上了朋友。我发现，西湖不可思议地美化了少年的心灵。

常书鸿：在我家门的正前方有一条小河，还有一片荷花池。春天一到，就有许多小蝌蚪在池里穿梭漫游。不多久，小蝌蚪的尾巴消失了，变成了青蛙，在荷叶上跳来跳去，捕食小虫儿。

一到早晨，池畔聚集许许多多的小虾米，它们透明的躯体，即使在水中也能看得一清二楚，说不定偶尔还会有几只跳上岸来。每天清晨我都很早起来去捕虾米，每次都能装满一大脸盆，然后交给母亲。因为当时家里很穷，所以我们就用这些虾米做菜吃。

每年季节一到，荷叶就慢慢地从水中露出，像伞一样渐渐张大开来。不知不觉中，荷花就长得比荷叶还高，竞相开放，争奇斗艳，显得格外美丽。一到了那个时候，我们就去采莲蓬、吃莲子，每年都这样。当荷花盛开的时候，我常常被这种美丽所感动，总想把这动人的景色，用画描绘出来。

池　田：对、对，我在构思给先生的诗的时候[1]，脑海中首先浮现的就是荷花：

> 西湖可赏莲，
> 碧波叶田田。
> 孤山红梅艳，
> 秋月竞争先。

> 家境虽贫寒，
> 英才出少年。
> 不畏艺道险，
> 壮志凌云烟。

我好像明白了，常先生生在西湖，长在西湖，您的宏愿便是专志于美术事业。常先生，在西子湖畔的生活中，您印象最深的是什么？

常书鸿：印象最深的一件事情，发生在1924年。当时，我正在远处画雷峰塔（为巨大的7层砖造塔，"雷峰夕照"是西湖十景之一）。忽然，沙尘突起，漫天飞舞，很快，我就从一个船老大那儿听

---

[1] 1985年，池田大作写信给常书鸿，并赋长诗一首。信中说："为了祈愿今后的友好发展，并对常书鸿先生的宝贵贡献表示感谢，特写了一首诗，送给先生做纪念。"

说，原来是雷峰塔倒了。值得庆幸的是，我年轻时见到过雷峰塔的雄姿，而且，还把我描绘雷峰塔的画儿精心保存了下来。所以，我始终认为，绘画是一项非常了不起的工作。之后，我选择了写实主义绘画流派，可以说受这件事情的影响很大。

池　田：在逝去的时间长河中，一块画布上，"永远的瞬间"会永放光芒。备经磨炼的画家们的心境所映射出来的刹那之美，超越数百年的岁月，给遥远国度的人们送去不朽的光芒。先生以描绘美丽的世界为目标，走上了艺术之路。据说当初您的第一位老师是您的叔叔。

常书鸿：您说得对。把我引上艺术之路的第一位老师是我的三叔。我三叔和四叔身体都有病，三叔曾从秋千上掉下来，身体致残；四叔小时候非常可爱，经常被大人举起来逗着玩，有一次不幸失手，被摔在地上，也成了残疾人。

特别是三叔，身体状况极为不佳，两腿弯曲得很厉害，几乎紧贴着胸口，右手也不能伸直。但是，他并没有因病而意志消沉，而是时时刻刻都在顽强地生活着。他只有一只手可以活动，可是经过长时间的锻炼，这只手终于能画画了。每到春节前后，他就画贺年卡上的画，比如，小孩跳绳、爆竹游戏、灯笼游戏等。有时，他事先画好草稿，然后让我们小孩子照着他的样子画，最后再让我们着色，制成贺年卡。画了一遍又一遍，"功夫不负有心人"，终于，我们画得越来越像了。叔叔身体不好，画画时极为困难，他好像认为我画得不错，所以答应要教我画画。当时，家里非常贫寒，为了帮助维持生计，我就开始给人画像。当时虽然也有照相馆，但是照一张至少要花四五十元钱，一般家庭是负担不起的。我在家门口写了一幅替人画像的广告，画一张能得二三十元钱，对家里帮助很大，而我的画也越来越好了。所以，说三叔是我学画的启蒙老师，毫不为过。

池　田：还应该说是您人生的老师。常书鸿先生，你们家是怎样的一种家风呢？听说，您祖父是满族军人，这家风至今还保留着吗？

常书鸿：我祖父是满族人，名字叫伊尔根觉罗。清朝时，从东北黑龙江来到杭州担任守备军，从此，就定居杭州了。在西湖边上有一个叫作"旗下营"的地方，清朝时迁来的满族人，大都集居在这里。我们的祖先从东北南下以后，一般都被人称为"满族"。小时候，祖母经常给我们讲起祖先们的故事，她告诉我，我们的祖先在战争中都是英勇善战的好汉。

每年，到了祭祀祖先的日子，母亲总是把头发高高地挽起来，并且穿上高高的木屐和旗袍（民族服装）。

辛亥革命时期爆发的"杀鞑子"（杀满族人）运动，对我们来说，是一次非常痛苦的经历。各种各样的消息交相传来，我和祖母一起逃出去，躲了起来。不过，街上倒是非常平静，家人也没有出什么事儿。因此，一直到1950年，我都没敢说自己是满族人。

我生来就具有一种不屈从于权力的倔强性格，这是从祖先那儿继承下来的秉性。我相信，祖母和母亲对我从小就进行了这样的教育。

在战争年代中

常书鸿：不要只是说我的事，我还想了解一下池田先生少年时代的生活环境。

池　田：我于昭和三年（1928年）出生在现今东京羽田机场附近。我们家从事海苔制造业，我在兄弟间排行第五。我现在仍记得，当时我们家院子很大，一年四季花草不断，有樱花、无花果、菖蒲、石榴、西瓜、香瓜等，还有一个大池子。总之，少年时代觉得什么都特别大，可实际是什么情况，已经记不太清楚了。只记得池子里面长满荷花，鸭子在水里游来游去，还可以钓鱼、捉蜻蜓。家门前，有一条美丽的小河，里面的水是能生喝的。

房子的周围是广阔的田野，这种景色对于今天使用羽田机场的人来说，是无法想象的。附近就有美丽的海岸，呼吸着新鲜的空气，我与大自然一起度过了许许多多闲适、恬静的日子。家里吃的东西，大体上都能自给自足，属于半渔半农的家庭，这里可以说是东京都内的农村。

常书鸿：原来是这样。

池　田：但是，"天有不测风云"，我上小学二年级的时候，正在工作的父亲突然患上风湿病，有两年多卧床不起。这段时间，可以说是我的生活中最窘迫的日子。冬天，天亮之前就要在海上采集海苔，这工作实在是太艰辛，就连在一旁做帮手的我，也深深地尝到了这种寒冷和辛酸的滋味。

后来，战争不断扩大，从大哥开始，4个哥哥相继被征召去当兵。我从小学六年级起，加上高等小学的两年，有3年多的时间，都在帮人家送报纸，这多少能贴补一下家用。每天我都努力工作，当时，即便一个小孩子也能感受到存活下去是多么不容易。

常书鸿：您少年时代，从双亲那儿接受到什么样的教育呢？

池　田：我家孩子多，并且我刚才已经说过，父亲长期因病卧床不起，生活困难，我几乎没有受过什么正规的学校教育，但从父母那儿，不知不觉地，学到了许多为人处世的道理。

常书鸿：请问，您的父母是什么样的人呢？

池　田：我父亲生前被附近的人们称为"老顽固"，性格极为倔强。虽然我家非常贫穷，但我经常听父亲说："不要给别人添麻烦。"

之前，由日本经济新闻社发行的《我的履历书》中，对于他的事情也有所记载。

父亲非常喜欢整洁，他的性格使他要求所有的东西都要井井有条。有时他会用食指摸一下拉门的门框，如果手上沾了灰尘，他就会责怪我们清扫得不够干净。因此，我们家的门窗、玻璃一年四季都是一尘不染、闪闪发亮的。现在我在日常生活中也特别爱干净，东西稍有凌乱就会感觉不舒服，大概这也是父亲影响的缘故吧。我常常回忆起我的父亲，他倔强、严格，又总是和善待人，竭尽全力去帮助别人。可是，父亲坚决反对我要加入少年航空兵的想法。

我还记得，我有一次掉进小池里差点被淹死。我大声呼救，用力挣扎，很快就要筋疲力尽，沉到水里去了，父亲听到喊声就跑着赶来了。直到现在，我还清楚地记得父亲把我救上来时那双温暖的大手。我听说，常书鸿先生在小时候，有一次也曾掉进家乡杭州的西湖中，差点送了命，好像有一个青年跳进湖里，把您救了上来。

常书鸿：对，有这么一回事。那么，您的母亲又是一个什么样的家长呢？

池 田：母亲总是尽心地侍奉着自己顽固的丈夫而毫无怨言，总是默默地工作。少年时代，我就从母亲身上深深地感受到劳动的伟大。

母亲虽然非常慈善，但也总是像父亲那样严格教育我们做到两件事——"不要给别人添麻烦""不许说谎"。虽然是很平凡的事，但我认为，对于做人而言，这应该是最基本的教育。

常书鸿：听说您有个哥哥在战场上阵亡了，在少年时，您身体也非常弱，这些事是否对您产生过什么影响呢？

池　田：我的4个哥哥，都在部队上服过役。昭和十六年（1941年），大哥曾从部队上回过日本一次。那时候，我只有13岁。到现在，我还清楚地记得从大哥那儿听来的悲惨的战争故事。

他曾这样对我说："日本军队太残酷，而中国人太可怜了。"他的话，直到现在仍然清晰地铭记在我心中。此后，哥哥又一次充军，离开日本。哥哥们都是强劳动力，但都被征召去打仗，因此我们家的生活陷入了极为贫困的境地。战后，除大哥外，另外两个哥哥都相继复员回家。母亲坚信大哥也一定能复员回家，每天都在心里盼望着他归来，可大哥却在缅甸战场上阵亡了，当时年仅29岁。这个消息传来时，战争已经结束两年了。当母亲抱着装有哥哥骨灰的白木箱子时，我不敢正眼看她那悲痛欲绝的样子。从母亲失去爱子的深切悲痛中，我感到了战争的悲惨和残酷。我的同学中有好几位作为"少年志愿兵"去了战场，也有人因此而失去了年轻的生命。我也有过类似的经历，在大空袭中，家里房屋两次被烧毁，我曾经在烧成灰烬的瓦砾中挣扎。上旧制小学前，我还患过一次肺炎。从那以后，我与疾病奋战了相当长的时间。由于这种体验，我发现自己对于体弱的人和病人有着特别敏感的反应。对健康的人来说，这或许是一件不会明白的事情。记得上小学时，我经常出虚汗、做噩梦，在幼小的心灵中，经常思考这样一个问题："人死了以后，会变成什么样子呢？"

下面是发生于战争时的一件事。我在青年学校接受军事训练时，突然吐出血痰，然后就是咳嗽不止，不断出虚汗，肺病越来越重，连医生也束手无策了。医生劝我，说只有静养，没有别的办法。但是，由于受到大空袭的威胁，我根本无法静心养病。后来我又患了胸膜炎，医生好像说过，我能否活到二十五六岁都成问题。在这种情况下，人的生死问题就一直没离开过我的脑海。我大量阅读有关哲学和思想的书籍。对"生命"与"和平"这两个问题，我的兴趣越来越浓厚了。

朋友和师长

池　田：现在，我再向您提几个问题，我想日本的读者都在期待着这些问题的答案……首先，常先生没有进过美术专科学校，而是从工业学校的染织专科毕业的[1]，这件事情对于您后来从事敦煌的壁画研究有没有帮助呢？

常书鸿：我喜欢丰富的色彩和富有装饰性的花卉，这些对于之后临摹敦煌壁画起了很大的作用。

我从小就喜欢绘画，想去美术学院，可是父亲却说："不会有什么出息，别去上了！"并且他还劝我，为了国家，应该去做一个实业家，让我选择工科。没办法，我就进了浙江省立甲种工业学校（现为

---

[1] 1918 年常书鸿小学毕业后考入浙江省立甲种工业学校（现为浙江大学）染织科学习，毕业后留校任助教，并担任校纺织工厂技术员。在此期间，他曾利用暑假连续 3 年到上海美术专科学校暑期班学习，因学习刻苦、成绩优良，深得校长刘海粟和其他教授的嘉许，被特准颁以上海美专毕业证书。

浙江大学）。但是，无论如何我对代数、几何等都提不起兴趣，幸好学校还有染织专科，所以我就选择了这一专业。往布料上染红色或绿色，我感觉到好像是开辟了一个新天地，这件事情对于我以后从事油画有很大的影响。

池　田：在学校时代的恩师中，给您印象最深的是哪一位先生？另外，常先生有没有特别值得回忆的好友呢？

常书鸿：我最尊敬的老师是在浙江省立甲种工业学校学习时期的一位老师。这位老师经常以"实业救国"来教育我们，因此，他总是给我们讲起学习先进技术的重要性。这些成了我救国思想的起点，也成为我为祖国努力学习的思想原动力。在朋友中，我记忆最深刻的是工业学校时代的同学沈西苓，他也喜欢美术，同我一样，进了染织专科。我常常与他一起到西湖去写生。我俩为了更快地提高自己的美术水平，加入了西湖画会。在那里，我们互相勉励，互相学习，还结识了许多知名的前辈画家。从工业学校毕业后，他东渡日本留学，还经常给我写信。在信中，他说我如果愿意到日本去留学的话，可以帮我联系，并劝我尽量到日本去。后来，我下决心去法国留学，就没去日本。他从日本回国以后，曾对我说过："祖国正处于危难之中，绘画不能使民众觉醒。"随后，他就改行搞电影去了。

池　田：噢。

常书鸿：另一位是西湖画会中与我同岁的画友马施得。他是师范学校的老师，非常有礼貌，特别勤奋。他的家人都被军阀以莫须有的罪名逮捕了，只有他从后窗逃了出来。有一天，我在去西湖写生的路上，碰到了军队。当着众多的人，他们竟然处决了一名被逮捕的青年人。当我得知被杀的是马施得时，我内心受到了极大的刺激。我对这个军阀横行的腐败社会早就失去了信心，所以盼望着尽早到巴黎去。

池　田：您是哪一年去的巴黎？

常书鸿：1927年。在去的时候，我的旅费几乎全部被一个人骗去。我当时非常幼稚，一个同乡对我说："我和中国驻巴黎的大使的父亲很熟，你的一切我全包啦！"我就完全听信了他的话，从旅费中拿出2000元给了他。然而，他把钱都花在了女人身上，只给我买了一张从上海到马赛的最低等舱的船票。这张票只需100元，在船的最低部位，很热，空气也十分污浊，我每天还要被迫做些洗盘子、剥土豆皮之类的活儿。

一个月后，船终于到了马赛，可是口袋里剩的钱，就只够吃一顿饭了。虽然我听别人说"到了大使馆就好办了，既有工作，又有钱"，可当我走到大使馆一打听，得知大使即将离任，不管此事，我简直束手无策了。我又去拜访了别的同乡，求人家给介绍了一份工作——在巴黎的中国料理店做杂役，总算保住了一日三餐。之后，我考试合格，就转为了公费留学生，到里昂的中法大学去学习。在那里，我每天一边学法语，一边在里昂国立美术专科学校学习绘画。

常书鸿：池田先生，在您的少年时代，有没有您尊敬的老师呢？

池　田：小学时，有两位女老师和两位男老师教过我。他们教课都非常认真，令人难忘。特别是我刚才提到过的桧山先生，担任我们毕业班的班主任，我对他的印象特别深。

桧山先生非常爱护少年活泼的心以及他们各自不同的性格。我认为，他自然而然地就教会了我们做人应该遵守的一切。随着岁月的流逝，我对桧山先生的感激之情与日俱增。进行修学旅行的时候，我常常大方地请客，把零用钱都花光了。先生就提醒我说："池田君，你的哥哥们都去当兵了，你至少应该给爸爸妈妈买些土特产回去啊！"说完，他还悄悄把我叫到别人看不见的地方，塞给我一些零用钱。

还有一位印象深刻的先生，就是在羽田的萩中国民学校读书时教我们的冈边克海先生。先生经常和学生们一起玩相扑，并总是毫不掩饰地全力与学生对阵。然而，他讲课非常生动，浅显易懂。先生总是让学生充分发挥自己的才能，再从中引导培养他们的个性和特质。冈边克海先生就是这样的老师。

常书鸿：在您青少年时代读的书中，给您印象最深的是些什么书呢？

池　田：首先是法国著名作家雨果的《悲惨世界》。我记得第一次读这本书大约是在十四五岁的时候，当时，我就深深地被主人公冉·阿让奇特的人生经历和作者雨果对于人的心灵内部逼真的洞察力所吸引，后来反复读了好几遍都爱不释手。书中有这样一段话："人们的慧眼能看到人身上最多的光明和黑暗，而比这更深奥、更复杂、更神秘的无限世界，却无从追寻。比海洋浩瀚的是天空，比天空浩瀚的是人的心灵。"（平岛与志雄译）雨果揭示人们的内心世界，并由此探求美的光源，对此，我深有同感。

此外，印象很深的文学作品是惠特曼的诗集《草叶集》，我记得最初见到这本集子大约是在23岁的时候。当时，我经常带着感情去朗读这些诗篇，还把其中自己喜欢的几首背了下来。在晚上，一个人走夜路回家时，我常常是一边小声朗诵，一边往回走。

贵国的书，比如《三国志》《水浒传》《十八史略》等，我也曾忘我地读过。我的恩师户田先生，为了把我们青年人培养成才，经常通过小说和历史书籍传授给我们各种各样的知识，其中作为教材来使用的就有《三国志》一书。另外的教材有：亚历山大·大仲马的《基度山伯爵》、丹尼尔·笛福的《鲁滨孙漂流记》等。这些书各自都闪烁着不同的思想的光辉。

总之，年轻时多读一些好书是非常有益的，而这些书可以说是任何别的东西都不能取代的人生之宝。

决定人生的相逢

池　田：常先生，您是23岁时到法国留学去的吧？听别人说，您当时学习法语非常刻苦，背下了一本法语词典呢。

常书鸿：我小的时候就有一本法语词典，但是我经常装在兜里的不是词典，而是写有法语单词的包巧克力的小纸片。

我经常从婶婶那里要来包巧克力用的小纸片，然后，把单词写在上面，一个一个地背过。因此，口袋里就常常装满了包巧克力的小纸片，每背完一页单词，我就把纸片扔掉。这样日复一日，日积月累，两年间，我就把一本法语词典全部背了下来。

池　田：我想这种经历，您一生也不会忘记。青年时代，什么都能做，常常用各种各样的办法磨炼自己，而碌碌无为地虚度青春，将是极为不幸的事情，也无法给自己留下什么值得回忆的东西。

常先生在巴黎和里昂主要是学习什么呢？

常书鸿：在巴黎主要是学习美术史和油画技法。里昂是纺织业极为发达的城市，机器织品的图案艺术性非常高，而且，机器织品的图案和美术图案有着密切的关系。因此，在里昂我除了学习美术，每个星期天还去学习提花织机的技术，这种机器在法国非常普及。之前在中国的甲种工业学校学到的知识，在我学习操作提花机时派上了很大的用场。

池　田：听说，您当时在塞纳河畔的旧书摊上发现了伯希和写的《敦煌千佛洞》一书，那时先生与敦煌的邂逅，就决定了您的人生之路。

常书鸿：1935年秋天，我偶然发现了伯希和写的《敦煌千佛洞》一书，如果说这次发现迎来了我人生中最大的转机，是毫不为过的。这本书给我很大的启发，而且决定了我以后的人生之路。

当时，我在法国孜孜不倦地学习西洋油画。10年间，我从法国巴黎、里昂的美术家协会3次获得金奖、2次获得银奖，而且还做了法国里昂美术家协会会员、法国全国肖像协会会员，连我自己都觉得已经是蒙巴纳斯（巴黎艺术家活动中心）的画家了。[1]

当我看到伯希和《敦煌千佛洞》书上图片的瞬间，我几乎无法相

---

[1] 1933年至1936年，常书鸿参加了巴黎、里昂的春季沙龙和独立沙龙，他的油画《浴女》《病妇》《裸女》分别获得金质奖，《D夫人》《湖畔》分别获得银质奖。1936年，常书鸿的油画《姐妹俩》获巴黎美术家协会金质奖，并被授予巴黎国际博览会荣誉奖。与此同时，常书鸿先后有5幅油画被法国国家购藏于巴黎近代美术馆、蓬皮杜艺术文化中心和里昂市立美术馆等处。通过作品展示和参赛获奖，常书鸿在法国美术界有了一定的影响，法国美术家协会推选他为沙龙的超级会员，这是外国美术家在法国获得的少有的殊誉。

信自己的眼睛。祖国竟然留有这样光辉灿烂的古代文化遗产，我简直不能相信这是真的。仔细一看，伯希和在序言中写道，这些照片是 1907 年在敦煌的石窟中拍摄的。我对祖国佛教艺术的辉煌灿烂、博大精深感到十分惊异。把眼前敦煌的石窟艺术品和我以前崇拜的西洋文艺复兴时期的艺术作品进行比较，我发现不论是从历史的久远方面来看，还是从艺术表现技巧来看，敦煌艺术都更胜一筹，这一点一目了然。"这简直是一个奇迹"，我立即被敦煌艺术所吸引了，并下决心回到祖国，到敦煌去，一定要用自己的眼睛，亲自看一下这些宝物。而且我心中还这样想：作为一个中国人完全有责任去保护、介绍这些文物，使它们重放异彩。

池　田：您真是被深深地吸引住了。

常书鸿：在伯希和《敦煌千佛洞》的图录中，最使我倾心的是壁画的图案部分，宛如提花织机织出的图案一样，还有第 275 窟中代表唐代艺术的壁画。随后，我向店主打听了《敦煌千佛洞》一书的价格，贵得惊人，凭我的经济能力根本买不起。

店主告诉我，在附近的博物馆里，有从敦煌出土的大量丝绸画，我听后立即去参观。在那里，我第一次面对唐代画作进行观摩。这些画的技巧都很娴熟，画面也很整洁、漂亮，我深深地被吸引、被感动了。

池　田：完全听明白了。您刚才所讲的也深深地打动了我。此后，先生回到祖国，在您第一次去敦煌之前，举办了个人油画展，靠卖画来筹措旅费。由此，您当时经济的拮据和辛劳的情况是可想而知的。

常书鸿：在法国看到伯希和《敦煌千佛洞》的图片以后，我在心中发誓，一定要回到祖国的敦煌去。当时，在繁华的巴黎，我已经在某种程度上有了一定的地位。作为里昂美术家协会会员和法国肖像画协会会员，我过着非常安定与舒适的生活。把这所有的优越生活丢弃，回到祖国，这件事情本身就是令人难以理解的；而到只有流浪汉才去的、荒无人烟的敦煌去，就更非平常之举了。

面对的诸多问题中，首先就是经费不足。为了准备、筹措到敦煌去的旅费，我在重庆举办了个人画展。在那里，我卖掉了在法国和中国所作的 40 幅画，充当旅费。当时政府的教育部并不支持我到敦煌去，但是，我已下定决心背水一战，打算只要赚够旅费，别的什么也不需要，就立即到敦煌去。

可以这样说，伯希和《敦煌千佛洞》一书，对我的影响极大，几乎决定了我的人生之路。池田先生在这方面有过什么体验吗？

池　田：对我人生影响最大的事情，就是同户田先生（创价学会的第二任会长）的邂逅。

常书鸿：那么请问池田先生，您是什么时候、怎样结识户田先生的呢？

池　田：那是在日本战败以后。1947 年夏，人们即将欢度第二次终战纪念日，当时我只有 19 岁。我的一位朋友来访，告诉我有一个关于"生命哲学"的会议，问我是否和他一起去。我当时就想，是不是柏格森[1]的"生命哲学"呢？问了一下朋友，他说不是。

不管怎么说，因为我对这个问题感兴趣，所以就和朋友一起去了。这次会议其实是创价学会的一次座谈会，担任主讲的就是户田城圣先生。

常书鸿：您当时对户田先生的第一印象怎么样？我想问一下，您为什么要选择户田先生作为您人生的老师呢？

池　田：户田先生当时 47 岁，要说到对他的第一印象，用一句话就可以概括：他是一个极为杰出的人物。他属于我在此之前从来没有遇到过的那种类型的人，他高度近视镜片后的眼睛放射出独特、平易近人的目光。从初次见面起，我就不可思议地对他那种毫无顾虑的谈话方式和崇高的人品，有着极大的好感。当时正值日本战败后的第二年，人们都在绞尽脑汁以求生存，人心极为慌乱。但就是在这种情况下，在昏暗的灯光中，户田先生让人看到了光明和希望。

我深深地被户田先生落落大方的举止和谈话方式所感动，所以，虽然是初次见面，但我也单刀直入地向他请教，提出了 3 个问题：

"何谓真正的人生？"

"何谓真正的爱国者？"

---

[1] 柏格森（Henri Bergson, 1859—1941）：法国哲学家，生命哲学与直觉主义的主要代表之一。创用"生命冲动"和"绵延"两词来解释生命现象。代表作有《时间与自由意志》等。

"您怎样看待天皇？"

户田先生对这些问题的回答简洁明了，洋溢着诚实的心声。我的直觉告诉我："这个人说得很正确，他是值得信赖的。"对于这种当时难以用语言表达的心情，在日后的回忆文章中，我这样写道："我不知为何就是非常高兴。"那时的感慨，直到如今，仍然非常强烈。而且，我听说，户田先生曾和创价学会的首任会长牧口常三郎先生一起被捕入狱。后来牧口先生死在狱中，户田先生在狱中被关了两年多。由于站在佛法信仰者的立场上，与那时军国主义大肆宣扬国家神道的做法针锋相对，因此二人受到了当时不可一世的当权者的迫害。因为他们坚决不屈服，所以被以违反治安维持法和不敬之罪等罪名关进狱中。

户田先生因反对战争而进入监狱这件事对我具有决定性的意义。我之所以这样认为，是因为对反动势力是斗争还是妥协，极端地说，这是判断一个领导者是否合格的根本标准。在国家战败这样一种悲惨的结局中，人们都开始认真反思，无论如何也不能让这种惨无人道的战争再次发生。对于制止战争的爆发，任何人都有不可推卸的责任。确实，那次我遇上了非常难得的、成为我人生导师的人。只是当时我还不知道，同户田先生的邂逅会改变我的命运。但是，我心中的阴云消散了。那时有一种强烈的想法，就是拜户田先生为师，去学习更为深刻的东西。

很快，我就加入了户田先生的组织，然后就日日夜夜地在先生的指导下进行工作了。当时户田先生经常对我说："日本和中国的友好才是最重要的事情。"这虽然已经是30多年前的事情了，但这句话我却铭记在心。作为先生的弟子，我要尽自己最大的努力为中日友好做些事情，不辜负户田先生的在天之灵，不辜负先生的教诲。

苦难的旅途

池　田：1942年秋天，常先生接受了无人愿意接手的"国立敦煌艺术研究所"的筹建工作，更加坚定了去敦煌的决心。先生一生都在努力实现自己年轻时的理想——让"丝绸之路上的宝石"发光。从您身上，我感受到了人生的无穷乐趣。

常书鸿：在爱国知识分子的呼吁和国民党元老于右任先生的倡议下，1942年国民党政府决定成立"国立敦煌艺术研究所"。但是，人选问题成了一个很大的难题。出现这种状况是由于敦煌位于中国西部，非常遥远，没人愿意去。古诗云：

出了嘉峪关，两眼泪不干。
前望戈壁滩，回望鬼门关。

（一出了嘉峪关，前方就是一望无际的戈壁沙漠，回头看，嘉峪关就成了鬼门关，欲返不能，人们不禁为此痛苦不已。）其实，敦煌还要在嘉峪关以西400多公里，是一片土地荒芜、人烟稀少的地方，这里在古代是流放犯人、派遣苦役之地，总之一句话，是谁都不愿意去的地方。

当时，我把自己的想法告诉了著名的建筑学家梁思成先生，梁先生极为赞赏，并且对我说："你一定不要错过这次难得的机会。如果我身体能允许的话，我也非常想去，可是年岁不饶人啊！我只说一句，祝你成功！"

离开热闹繁华、车水马龙的大城市，去戈壁沙漠，感觉好像是离开了人世间的生活，我明了前途有多艰难。但是，敦煌这座沙漠中的宝岛征服了我，我完全入迷了。对祖国文化，我有着深深的热爱和憧憬。作为一个爱国知识分子，不论遇到什么困难，我都决不后退半步。

池　田：古谚说"适千里者，三月聚粮"，您在实际出发前遇到了什么困难？

常书鸿：从我开始接受"国立敦煌艺术研究所"的筹建工作到去敦煌赴任之前，发生了许许多多的事情。

首先是前妻这一关。她曾留学法国，专攻雕刻。同我结婚回到祖国以后，在我去敦煌这件事上，她说，只要是为了祖国的艺术研究，你可以去，我没有意见。可是当我接下"国立敦煌艺术研究所"的筹建工作以后，我就必须长期待在敦煌，为此她的态度完全变了，致使我在家庭和事业之间感到为难。但是，我的性格决定了只要我下决心去做某件事情，就决不后退。最后我还是说服了家人，踏上了去敦煌的征程。

1942年冬天，我从重庆乘飞机，离开了富饶、美丽的四川省的绿色大地，向黄沙茫茫、一望无际的西北高原飞去。一方是繁华热闹、绿意盎然的城市，一方是寂静荒凉、人烟稀少的黄沙。此时此刻，在我的脑海中，思想斗争非常激烈。

难道我的一生就要这样陪伴着黄沙结束吗？然而，在黄沙的彼岸，我却发现了闪烁着光辉的绿色宝珠。我向往唐代美丽的绘画，我憧憬在巴黎看到的丝绸绘画《父母恩重经》中所描绘的在空中自由飘舞的飞天和优美动人、雍容大度的观世音菩萨。对于那在沙漠中闪闪发光的宝珠的向往，打消了我心中的疑虑和矛盾。从此以后，我将不再是巴黎蒙巴纳斯的画家，我已脱胎换骨，成了研究、保护敦煌艺术的苦行僧。

池　田：您的事迹太令人感动了。从重庆乘飞机到达甘肃省的兰州以后，再往前走，行程恐怕就会十分艰难了吧？现在，已经有北京直通敦煌的飞机，交通状况大为改观，比以前要方便多啦！即便如此，据说也要早上从北京机场乘飞机出发，到达兰州后，在那里住上一晚，第二天再乘飞机，才能到达敦煌机场。

事实上，创价学会医师部代表团和我所创立的创价学园的教师代表团都去过敦煌。我的儿子也是创价学园的教师，作为其中一员，他加入了教师代表团。他们去的时候，从兰州到酒泉用了两个半小时，然后从酒泉坐了8个小时的汽车。当他们看见沙漠深处有一小片绿色覆盖的地方时，他们非常感动。很快，太阳就开始落山了，美丽的彩霞把天空染得通红。他们说,这景色仿佛是梦幻般的光景。

在兰州与敦煌间的飞机还没有通航的时候,虽然有火车和汽车,但是既费时间又累人。从兰州到安西大约有1000公里,然后从安西到敦煌大约有120公里。据说,从前在丝绸之路上骑马或者是骆驼,从安西到敦煌大约要用3天加两个晚上的时间。听人讲,井上靖先生[1]从开始创作小说《敦煌》起大约过了22年,直到1978年,才第一次真正访问了敦煌。井上靖先生从北京出发,第5天才到达敦煌,他这样叙说自己当时的感受:"敦煌离都城北京实在是太遥远了。敦煌是西域史中记载的边境小城,这印象至今依然鲜明。"

想到这些,您从兰州向敦煌出发的时候是1943年2月,当时正值中日战争最激烈的时候,而且道路也不像今天这样好走。在这种情况下,您却坐卡车到达了目的地——敦煌。真想象不到,您当时是怎样历尽千辛万苦实现自己心愿的呢?

常书鸿:现在回忆起从兰州到敦煌的旅程,确实充满艰辛。但实实在在地说,也应该算是一次愉快的旅行。1943年,在兰州过完春节后,我们就开始准备到敦煌去的必需品。我们一行6人乘坐一辆大卡车出发了。这辆卡车是当地的人们用羊毛和苏联交换来的,是一辆型号非常旧的车子,人们一般都叫它"羊毛车"。由于车子很旧,因此在路上引擎多次发生熄火故障。每当这个时候,大家必须都从卡车上跳下来,一起用一根很大的铁管做摇把来启动卡车的发动机。在行

---

[1] 井上靖(1907—1991):日本小说家。他的小说有不少以中国古代历史为题材,如《敦煌》《孔子》等。他长期致力于中日文化交流活动。

第二章
寻求永恒的存在

车途中,凛冽的寒风呼啸地吹打着面颊,以致双耳被冻得失去了知觉,有时还痛得不得了。如果早晨要很早起来出发的话,帽檐上和眉毛上就会结满冰霜。每个人的面颊都因为天冷而冻得通红。

有时要在中途停车吃饭,大家下车时,腿、脚早已冻麻木,需要活动很长时间,才能开始走路。因为腿、脚的血液循环不顺畅,所以下车以后,我们在短时间内根本无法走路。

我记得,第一顿中午饭是在永登吃的。路旁有一个小店,里面没有桌子,只好用上台来代替。椅子也只是在一块木板下支四条腿,没有上油漆,但是由于长时间的使用,它变成了茶色,被磨得光溜溜的。店主人特意为远道而来的我们做了一顿拉面。拉面在这种穷山恶水的地方,已经是款待上等宾客的佳肴了。除了拉面,只有一碟盐、一杯醋、一碗炸油。

不过由于我们6人从早上开始什么东西都没吃,因此大家吃起来还是觉得很香。吃了午饭,给汽车加了些油和水,我们又上车继续赶路。因为是上坡,所以卡车摇摇晃晃地费力向上爬。而刚吃过午饭的我们,躺在行李上,甜蜜地进入了梦乡。

有时,碰到大石头或者小沟坎,卡车就颠晃得很厉害,人几乎有被从车上甩下去的危险,大家虽说是睡觉,但必须牢牢地抓住绑行李的绳子,否则就可能掉下车去。然而,到了下一个休息点的时候,大家不只是腿脚发麻,手也被冻得通红,都肿了起来。

天黑后,在公路周围一望无际的大地上,没有一户人家,寂静的荒野中只有一座寺院,孤零零地坐落在这里。因为天黑下来了,不能再接着往前走,我们只好投宿在这座庙中。

大家都十分担心庙中是不是会有蛇或毒蜈蚣什么的。心地善良的司机师傅告诉我们不要担心,他给我们解释说:"在西北高原上没有蛇和蜈蚣,再说,即使有,这么冷的天气也会被冻死的。如果是夏天,在这荒凉的寺院中,说不定会有蝎子出没,可在这样的严冬季节蝎子不会出来,请大家放心好好地睡觉吧。"

他和助手一起抱来了树枝,在上面浇上汽油,点起火。这一夜,大家都睡得特别香甜。第二天早晨起来,我想用晚上准备在脸盆里的水擦一个冷水澡,可是脸盆中的水已冻成了冰,像一面镜子。所以只好砸破冰块,把毛巾放在冷水里拧一下,擦洗了一下身体。

我二十几年来一直坚持洗冷水澡,这一天,我好像感觉到从未有过的奇冷。一擦身体,水蒸气立即就冒起来。不过,冷是冷,确实非常舒服。

我们坐着羊毛车,像蜗牛爬行一样地前进着。如果按中国当时长途旅行的平均标准速度来计算的话,我们的旅行应该半个月就结束。但是乘羊毛车,到达安西整整用了1个月。1943年2月20日从兰州出发,3月20日终于到达安西。

池　田:确实是一次难以想象的艰苦旅行。我的眼前好像浮现出你们在荒凉的大地上行进的情景。从安西往前走,是骑骆驼吗?

常书鸿:对。从安西开始,道路就分开了。汽车道只有一条,通往新疆哈密。我们告别了汽车道及嘎吱作响的破旧羊毛车,乘车的生活便打上了休止符。

从安西到敦煌,只有崎岖不平的土路可走,周围是一望无际的黄色沙漠。这里,偶然也能看到一些沙丘和沙漠植物,宛如一个很大的荒凉的古坟。从这儿开始，只有依靠被人们称为"沙漠之舟"的骆驼才能继续往前走。

骆驼走路的样子很独特，骑上去以后，边走边摇晃，使我不禁想起小时候在西子湖畔划船的情景。对于在沙漠中边走边摇的骆驼来说，"沙漠之舟"的昵称是再合适不过了。

我们一行6人，借了10头骆驼，向敦煌走去。全部行程有120公里，平均每天走30公里。这是我有生以来第一次骑骆驼。骆驼个头很高，而且走起路来极富有弹性，由于它晃得很厉害，骑上它，刚开始还有些害怕，可是习惯以后就无忧无虑了。

骆驼的忍耐力非常强，无论让它驮多么重的行李，它都不会生气。我虽然是第一次和它们接触，可是我们很快就成了朋友。

池　田：就这样终于到达了目的地——敦煌。您到达敦煌时的第一印象如何？莫高窟的情景又如何呢？

常书鸿：骑在骆驼上一直往前走，当我们发现在黄色戈壁沙漠的远方有一个绿点时，大家都禁不住大声欢呼起来，骆驼好像也理解我们的心情一样，一边在沙地上留下如荷花般美丽的脚印，一边加快速度，把我们驮到日思夜想的莫高窟。

我们透过树林的空隙，看到了像蜂窝一样的崖壁。大家下了骆驼朝那儿跑去。由于下面的洞窟被埋在沙里，因此大家要登上沙丘后再滑到洞窟里面去，一下子发现了好几个洞窟。然后，又渡过古老的汉桥，进入一个比较大的洞窟之中。

那里面有很大的壁画，叫作《萨埵那太子舍身饲虎图》，它给我的印象最深刻。就像画中所描绘的那样,如果萨埵那太子能把自己的身体奉献给老虎的话,我想,我也要把自己的一切奉献给这座艺术宝库。

第三章

人类闪光的遗产

苦难的岁月

池　田：1985年秋，先生送给我一幅精美的油画，题名为《雪中的莫高窟》。现在，这幅画已作为珍宝存放在我们的纪念馆里。画上有您的亲笔题词："回顾五十年敦煌历史。"我又不由得想起先生与敦煌共度的坎坷人生。

常书鸿：我送给先生的画描绘的是莫高窟的"九层楼"。我对九层楼怀有特别深厚的情感。当时，我第一次骑骆驼向莫高窟进发，到最后几公里处，眼前豁然开朗：在那沉沉如睡、静静欲眠的树林中，九层楼倚着山势傲然挺立。曾在巴黎伯希和的图录中见到过的九层楼，这时真正伫立在我面前。从那以后的半个世纪，我是踩着九层楼的风铎声走过来的。尤其是夜深人静、万籁俱寂，独自一人躺在床上，仰望深青色的夜空，明月皎皎，风铎阵阵，它们仿佛在责问我："你对敦煌艺术的保护和研究工作，干得怎样了？"在"文化大革命"中，我与家人饱受离别之苦，每逢我夜不成寐时，风铎的声响便远远传来。那种凄凉的声音给我以安慰，给我以希望，也促使我振作起来。

池　田：您就像怜爱自己的孩子那样，从心里热爱敦煌。先生这种淳厚的感情和九层楼画面中的寓意深深地撞击着我的心扉。或许，像常先生这样的人再也不会有了，我觉得，先生与敦煌有种难以言说的缘分。

常书鸿：在我坎坷的人生中，九层楼曾给予我无限鼓舞，因此，我喜欢画九层楼。尤其是新雪初霁，九层楼格外耀人悦目。我送给先生的那幅九层楼正是如此。画上有这样的题词："前事不忘，后事之师。"（把以前发生的事铭记在心，作为将来的借鉴。）

这幅画也寄托着我的希望，就是像莫高窟的九层楼那样，不畏风沙雨雪，希望敦煌——这座艺术宝库的不朽价值永远铭刻在历史深处。这也是我发自内心的祝愿。

池　田：谢谢常先生的真情厚意。莫高窟的名字寓有"沙漠高处之窟"的含意，从先生刚到那里的情况来看，莫高窟作为"陆中之岛"，那里的生活如衣、食、住、行，无论哪一样大概都是初次体验吧！

常书鸿：莫高窟就像孤岛一样，所有的生活用品都必须到15公里以外的县城（当时敦煌县政府所在地）才能搞到。那时，我住在中寺的后庭，过去是为参拜者修建的。寺里没有床，我用土砌成砖状，然后用它垒成睡觉用的台子，在上面铺了草席，再往草席上面放些麦秸，最后敷上布作为睡铺。凳子也是用土做的，只不过外面涂了一层石灰。当时窗子特别小，又没有电灯，只好在碟子里倒上油，用茎心做灯芯。不过，这种灯的光线特别弱，风一吹马上就灭。过了一段时间后，从敦煌县城买到了苏联制造的石油灯。这种灯有玻璃罩子，可以挡风，而且，光线也亮多了。

池　田：那吃饭问题怎么解决呢？

常书鸿：到达敦煌的当天，本来预定去敦煌县城买锅、碗、筷子之类的用具，可没想到，到那里的前一天，县城被土匪抢劫了，城里的店铺全部停止营业。结果，什么也没买到。没有别的办法，我们只好用沙漠中一种名叫红柳的树枝做成筷子，又从喇嘛僧那里借来锅、碗，煮了些面条下肚。当时，只有一碟醋和一碟咸菜。

池　田：附近有人居住吗？

常书鸿：当时，画家张大千先生住在上寺（又名雷音寺），与中寺仅有一壁之隔。张大千先生很了解我的贫困生活，不时招待我，给我弄些好吃的。

从那以后，我逐渐习惯了沙漠生活，并且开始养羊，每天挤奶。我还吃了一种从戈壁沙漠中采来的"沙葱"，这种葱比普通的葱味道要好一些。

池　田：冬天特别难挨吧，又是在沙漠中，您是怎样度过的呢？

常书鸿：敦煌的冬天特别寒冷，经常冷到零下20多摄氏度，没有厚厚的棉大衣是过不了冬的。我从市场上买来游牧民做的老羊皮大衣，这种大衣的领子和衣边有红色或绿色的布边装饰，穿着它，看起来如同游牧民一样。

池　田：刚才，先生提到张大千先生，据说他在调查完莫高窟，临走时对您说："我先走了。你还要在这里进行无限期地研究和保护，真是和无期徒刑差不多啊！"（笑）当然，这也许是幽默，但从"无期徒刑"这个词来看，先生当时的生活状况是多么严酷啊！

常书鸿：那是开玩笑。（笑）不过，我想这并不过分。但是，从当时的心境来说，如果能在这个古代佛教文明的海洋里被判无期徒刑的话，我也会乐意接受的。

池　田：那就让我把先生的伟大信念和业绩介绍给众多的日本青年们吧。[1]敦煌是伟大的历史宝库、人类文化遗产的珍珠，您对敦煌艺术保护和研究的生涯犹如一首诗，给我们展示了一个无限辽阔的梦。

---

[1] 1989年5月7日，池田大作先生在《圣教新闻》上发表演讲文章，以《人生的桂冠只能在"战斗"中获得》为题，用常书鸿先生的人生历程教育日本青年。

常书鸿：谢谢。

池　田：莫高窟开凿于沙漠之中，长年被流沙掩埋，受风沙侵蚀，长年累月地闲置着，大有濒于倒塌的危险。在这种状况下，为了保护和修复石窟及窟内的壁画和塑像，常先生是从哪里着手工作的呢？

常书鸿：为了保护和修复莫高窟，我先从植树入手。植树后可以阻挡土沙崩塌。然后建造土墙，防止动物啃噬树木或窜入洞窟。为了阻止沙土流入洞窟，我还在周围设了围墙。

池　田：先生一步一个脚印，踏踏实实地修复莫高窟大业的情景幕幕展现在我的眼前。那么，生活用的"水"，先生是怎样解决的呢？

常书鸿：莫高窟的水是从 30 公里外流来的。但水中含有矿物质，太阳一晒马上就起化学反应，水变得非常苦涩，即使是被称为"甘水井"里的水也不例外。只不过那口井日照时间短，水苦的时间也比较短，因此，我每天都在太阳升起前便去井里打水，然后把它贮存在器皿里，这样一天的饮水便有了着落。

我们确信深层有地下水，便开始掘井，试图找到地下水，可是很多年都没有成功。1962 年，终于在洞窟前十几米外的深层发现了地下水，但检验的结果是水质不好，不能做饮用水。此后，掘井的工作仍在进行。经地质队调查，1980 年以后，我们最终在莫高窟找到了可以饮用的地下水。不过,这种水仍不能直接饮用。

池　田：我想,先生为了健康问题一定也操过不少心吧!

常书鸿：水的确是个大问题,一旦出现了病人就更不好办。在那里曾发生过好几起生命濒临死亡的险情。

莫高窟是沙漠中的孤岛,看病需到很远的地方。新中国成立前,我的第二个女儿得了急病,当时因敦煌没有医疗设备,加上交通也很不方便,结果,5天以后她就死在了莫高窟。

研究所的人员在我女儿坟前献上花圈,上面写着:"孤独贫穷的人们敬赠。"

有一次,担任莫高窟测量任务的陈延儒得了急症,高烧不止。他昏睡之际曾抓住我的手对我说:"所长,我已经活不长了。我死之后,一定要把我埋在沙土中,一定要把我埋在沙土中。"

还有一次,我的妻子李承仙也差点死去。那天早晨3点左右,她大量出血,脸色眼看着变白。我赶紧请人赶着毛驴去请医生。医生赶到时已是下午3点多了,幸好有医生的精心看护,才把我妻子从死亡线上抢救回来。

池　田：我相信先生的女儿一定会活在先生的心中。夫人也与先生一道经历了种种磨难。先生曾在大作《敦煌的艺术》一书中写到"敦煌有我的大半人生",我想只有经历了艰辛困苦的人才会有如此深切的语言。这些就足以让我们回想起那感慨万千的不寻常的岁月。

常书鸿：谢谢。说起来可能有点重复，但回顾我的漫漫人生路，当初的生活真是历经妻离子散，尝尽艰难困苦。

那时我曾想，是留在敦煌与困难做斗争，还是回到都市过安逸的画家生活呢？每当我为这些烦恼时，许多话语便浮现在脑海里，如张大千先生的"无期徒刑"，徐悲鸿先生的"不入虎穴，焉得虎子"，梁思成先生的"破釜沉舟"，都时刻激励着我，使我能够继续与困难做斗争。

想起这些话的同时，我心中便升起这么一个念头："人生是战斗的连接。每当一个困难被克服，另一个困难便会出现。人生也是困难的反复，但我决不后退。我的青春不会再来，不论有多大的困难，我一定要战斗到最后。"这个想法更坚定了我留在那里的信念。

现在看来，我的这个选择是正确的。我一点儿都不后悔。

池　田："无悔"的人生便是胜利的人生。人生会遇到很多困难，志向愈大，困难也愈大。不少人遇到困难就选择逃避，半途而废，而先生却坚持不懈，踏着困难走过来。

只有艰难才能磨亮我们胸中的宝珠。比起顺风，逆风更能使人成长。我经常把自身的体验告诉年轻人。在送给一位青年的话中，我这样写道：

不要悲叹，你不要输了一次就灰心丧气。

真正的胜利，应该绽放在人生的最后时刻。

您应该把这个作为前进的信条！当然，最重要的，正如先生所言，要看他是否战斗到最后。能够说出"我胜利了"的人生，才是崇高的人生。

常书鸿：池田先生，到现在，您肯定经历过不少磨难挫折。先生年轻时就任创价学会会长，您能否谈一谈当时的感想和抱负？

池　田：我就任创价学会会长时是32岁。我的恩师、前会长户田先生逝世两年后，理事会决定推举我，几次向我发出邀请。当时，我的健康状况极不稳定，而且，我觉得自己太年轻，于是每次都坚定地加以拒绝。但是，恩师户田先生生前曾说："我的工作完成了，今后就看你的了！"他的话敦促着我，使我不由得产生了接受的念头。

就任后，在拜访一位前辈时，他说："你的情况我从户田前会长那儿听说过。"因此，我深深地感谢户田前会长、我的恩师为我打下了坚实的基础。我的愿望就是，个人得失均无所谓，但我希望成为学会的中坚。

前进的路途上定会有障碍，有暴风雨，而且我知道，会长的职位责任重大。然而，既然就任，就只有奋力向前，别无选择。特别是对我来说，最初的两年是决定胜负的关键时期。

贵国有个成语叫作"孜孜不倦"（每日不倦地工作），这或许可以用来说明我当时的心境。（笑）

同时，我想讲点身边的小事情。就任会长后的一年里，我每天早晨从大田区的家里骑自行车去车站，然后乘电车去信浓町（新宿区）本部。或许有人会说"创价学会的会长还这样……"，但我作为一个年轻人，为了将来，必须展现出不奢侈的风范才行。

常书鸿：池田先生在中国也很有名望。您现在从事活动的源头原来是来自户田先生！

池　田：我是一个平凡的人，因为想实现恩师的构想才走到今天，所以我没什么可后悔的。当然，我更应该感激恩师教给我的崇高的生活态度。

创价学会在之后的17年里，人数比原来的75万增加了10倍，就像您所知道的那样，我们对外维护宗门，创立了政党、大学、学园、美术馆以及日本最大的音乐文化团体，并且以弘扬佛法为基调，向世界开展和平、文化、教育运动。这都是以恩师的构想作为基础的。

我永远无法忘记恩师逝世的前一天，他给我留下遗言说："学会需要一些精英，让那些有能力的人发挥才干！"恩师深知我的性格，大概是担心我难以独自担此重任。真该感谢先生的苦心！

常书鸿：到现在为止，先生感到最困难的事情是什么呢？

池　田：啊，这也正是我想问您的问题。（笑）不过，先生说过，"人生是战斗的连接。每当一个困难被克服，另一个困难便会出现。人生也是困难的反复"。我深有同感。所以，也许变得年轻这件事是最困难的吧。（笑）

我是佛法信仰者。我以为人不能为一善一恶、一喜一忧所困扰，而要淡泊宁静、从容不迫地按照自己的信仰之路走下去。我遇到过各种各样的事，也见到过各种各样的人，这些都使我变得更加坚强。

我有很多历经磨难的朋友,他们苦难的生活激励我锐意进取、信心坚定地向前。

我想,在常先生的一生中,肯定也有不少难以言状的感受。

常书鸿:当然有很多。如果说最伤心的,那莫过于当初我到达敦煌莫高窟千佛洞时看到的情景,洞窟被沙漠淹没,壁画剥落,令人为之叹息!

池　田:先生当时的心境可以想见。先生正是把这种"哀惜之情"变成自己的信条,为保护敦煌四处游说,风尘仆仆。

常书鸿:当时对我来说,怎样保护莫高窟是我的主要课题。我曾几度向上级请示、向社会呼吁,希望唤起政府及社会对敦煌保护和研究的重视。

那时,苏联地质专家来玉门进行石油开采的实地调查,我请他们来,向他们请教保护敦煌的意见。而且,我一连几次把敦煌的危险状况、洞窟裂缝和壁画剥落的情况写成报告,向社会各方面呼救。最后,经周恩来总理批准,进行莫高窟固定工程。"文化大革命"开始之前,这项工程已经完工。

池　田:最艰苦的岁月是在什么时候呢?

常书鸿:前面提到过,前妻的出走对我是个沉重的打击。当时,敦煌的工作刚刚开始,我每天的工作从早晨忙到晚上,根本没注意到妻子的变化，没注意到她遭受了内外的双重打击。前面讲到，当时的国民党政府教育部不给经费，而且下令解散敦煌艺术研究所。

历尽重重困难我才从国外回到敦煌石窟，当看到现存的石窟仍在受到自然和人为的破坏时，我下决心不能再让其遭受如此残酷的损害。

当时，我接到了国民党政府解散敦煌艺术研究所的命令，心里非常难过，就四处求援。前妻出走后，留下13岁的女儿和3岁的幼子。从那时起，我和两个孩子在沙漠中相依为命。我不相信宿命，但是我的心却时时发痛："为什么我的命运如此悲惨……"

在悲痛中，尤其夜深人静、一片肃寂时，九层楼的风铎传来清脆的铃声。我凝望敦煌石窟，在深蓝的天空下，与满天繁星一起沉入梦乡，便产生了一种幻觉：壁画上的飞天闪着光芒向我飞来，她们悄声向我诉说："你的夫人离你而去，但你决不能离我们而去，决不能离敦煌而去！"

那时，我的良心深深地谴责我："书鸿啊，书鸿，你为何回国？为何来到这荒僻之地？坚强起来！心向不同，夫妻难为，本在情理之中。从哪里跌倒，就从哪里爬起来。不论前面有多少困难，你都要踏着坚实的大地继续前行！"

就像刚才向池田先生介绍的那样，我想起张大千先生离开敦煌时留下的话："我回去了，你在这里过无期徒刑吧！"因此，我下定决心："是的，我将继续战斗，直到最后。"

池　田：众多的日本读者肯定会为先生的话所感动！伟大的人在逆境中能够发挥真正的价值。这是我与世界第一流的人物会面时得出的结论。

从那以后，您遇到了现在的夫人李承仙女士，是吗？

常书鸿：对！1945年，国民党政府下令解散国立敦煌艺术研究所。当时，我去重庆的教育部、文化部恳求继续进行敦煌艺术研究所的研究工作。经过一年多的抗议和再三请求，最后，中央研究院答应了我的请求。自此之后，研究所并入了中央研究院。

这件事落实后，我在四川重新召集研究人员。我们从中央研究院领来一辆卡车和各种器材。正在这时，国立艺术专科学校的一位毕业生来到我的驻地凤凰山，让我看了她自己画的油画人物、静物和花草。她说她想去敦煌。

我让她在笔记本上写下她的名字，她留下了"李承仙"三个字。我问她："你是油画专业的，为何去敦煌？"她回答道："我父亲叫李宏惠，辛亥革命时是孙中山创建的同盟会的第六位干部，是一位反清革命家。二叔叫李瑞清，曾教过张大千先生。当时父亲对我说：'作为一名中国画家，首先应该去敦煌，研究中国的民族遗产，研究敦煌，然后创立自己的风格。'于是，我下决心去敦煌。"

我问她："敦煌是远离人烟之地，古代只有军队和流放的犯人才去那里，而且生活非常艰苦，你能受得住吗？"

她说："我已决心献身于艺术，因困苦而退却于理不通。"

池田：原来如此！

常书鸿：可是，那年她父亲病了，她没能前去敦煌。第二年，她成为四川省立艺术专科学校的助教。她说一年后去敦煌。当时，我的好友沈福文、学生毕晋吉把我的经历告诉了她。之后，沈君和毕君二人一直观察她的言行举止，为她去敦煌的意志所打动。他们想不到她竟会和我一样，成为"敦煌痴人"，于是替我谈到我们结婚的事。

1947年9月，李承仙从成都赴兰州，我从敦煌去兰州。在那里结婚后，我们一起回到了敦煌，并一道致力于敦煌艺术的研究直到现在。

池　田：这个故事太美妙了！我想请教一下，先生对于子女的教育秉持什么样的信念呢？

常书鸿：在孩子们年幼时我就教他们，应该成为一个正直诚实的人。我希望他们努力学习，有上进心。不过，这个上进心并非为了名利，而是作为一个有知识的人，应该忠实于自己的良心，为祖国做出贡献。

在教孩子们画画时，我严格要求他们，希望他们练好艺术的基本功。我对他们说："人生绝不会一帆风顺。人的前途只有在战斗中才能宽阔。必须知难而上，勇敢前进，不能半途而废。为了实现自己的目标，完成自己的事业，必须付出努力和艰苦的代价。"

池　田：太好了！我也深有同感。那么，常先生，您最快乐、最喜悦的时刻是什么时候？

常书鸿：最快乐的一天是1951年4月，一个星期天的下午，周恩来总理到北京午门楼举办的敦煌文物展览会参观。我向总理汇报了敦煌艺术和有关展览会展出的文物事项。周总理在参观的两个小时中谆谆教导、激励我们继续进行敦煌的研究工作。

另一件最喜悦的事情是，通过加固敦煌石窟工程，在非常结实的混凝土走廊上安装了电灯。从此，我们可以安心地在走廊上走进走出了。正是因为这项工程，敦煌在"文化大革命"中没有受到破坏，能够完好地保存下来。如果没有这项工程，真不敢想象现在的敦煌会是什么样子！

池　田：听说莫高窟安上电灯，是您去敦煌 11 年后的事吧。

常书鸿：1954 年 10 月 25 日，莫高窟第一次闪出电灯的光芒，是我们自己发的电。我前去看望在洞窟中摹写的同志们。在那里遇到了李承仙，我问她的感想，她说："虽然安上了电灯，可是我的眼前却一片模糊。"我仔细一看，她的眼里饱含着泪水。那是多年在黑暗洞窟中工作的人们感激、喜悦的泪水。

我特地去了第 17 窟的藏经洞。空空的洞窟中，墙壁上的供养侍女仿佛微笑着向我走来。我在心里对她们说："你这历史的见证人，看吧，我们安上电灯了！"

临摹与保护

池　田：永恒性是艺术的灵魂。权力无论有多大，都只能随着时间的推移而灰飞烟灭，只有艺术与时间共放光辉。

埃及的石像和壁画，从创作到现在，已有数千年的历史，仍然闪耀着光辉。

蒙娜丽莎的神秘微笑，从达·芬奇[1]创作以来已有500年左右，依旧有着神奇的魅力。天才艺术家们创作的作品具有永恒性。

不过，必须有人懂得艺术至高无上的美学价值，并努力保护它们，艺术的生命才会经久不衰。正是由于先生们的努力，这些无名艺术家精心创造的敦煌艺术才免于劫难，没在人们的遗忘中废弃、崩溃。今天，它才得以作为人类的遗产出现在人们面前，使人们得到

---

[1] 达·芬奇（Leonardo da Vinci，1452—1519）：意大利文艺复兴时期的画家、自然科学家。其绘画把科学知识和艺术想象有机地结合起来，使当时绘画的表现水平发展到一个新阶段。代表作有《最后的晚餐》《蒙娜丽莎》等。还著有《绘画论》等，其绘画理论对后来欧洲绘画的发展影响很大。

美的享受。我坚信，先生们致力于壁画保存工作的丰功伟绩一定会像"敦煌"的名字那样"大放光彩"。

常书鸿：我们长期观察敦煌莫高窟492个洞窟，调查结果显示，洞窟的损坏全部是因为自然或人为因素所致。

我们称壁画剥落、色彩变黑为"壁画病"。莫高窟的壁画是在用泥、草涂过的墙壁上画成的，因此，洞窟的墙壁从岩石上剥落下来，并不足为怪。

我来到敦煌后，首先采取措施防止这种壁画病害，当然，困难是不可避免的。例如，在修复第194窟脱落的洞顶画时，因为洞顶是倒漏斗状，所以我们遇到了不少麻烦。我们搭了脚架，一直到洞顶端为止。为了加固顶画，我们用木板和毯子把画压住，不过，剥落的面积非常大，工程还不到一半，木板和毯子就掉了下来，幸好脚架搭得很结实，才没酿成生命事故……

从那以后，物质条件和作业环境逐渐好转，工作能够比较顺利地进行了。在画后的岩石上开洞，用铁丝和钉子固定壁画的修复部分。第130窟壁画大面积脱落，但修复工作没遇到什么麻烦。加固后，我们参考其他部分的纹样、光彩、线条，把脱落的部分重新画上。第130窟壁画大佛像的头光（头部后面的光）和背上的光也得以很好地修复。这是1966年的事。站在洞内被修复的壁画前，我心中涌出难以言喻的喜悦。

这次作业是从1963年周恩来总理下令修复石窟到"文化大革命"开始为止所进行的最后一次修复。遗憾的是，"文化大革命"的10年中，我向人们诉说修复和保护敦煌壁画的重要性，却被当作大罪状，由此受到痛苦的折磨。

红卫兵批判我是封建主义迷信的后继者，我对敦煌的保护和研究是一个很大的阴谋，我用敦煌艺术——这种精神鸦片毒害人民。他们声称这比炮弹还危险，甚至说我是元凶。"文化大革命"中，我因这些捏造的罪名不得不每天"谢罪"。

池　田：是吗？

常书鸿：1962年以来，针对壁画的大面积脱落，我们采取用铆钉和十字板加固的方法，完成了从131窟到136窟壁画的后部加固工作，这项工程于1966年竣工。现在我们能够进行的是壁画表面的加固作业，这样可以避免遭受损坏。不过，要进行更为完善的修复作业，我们目前还没有那样的技术，这恐怕要靠后人来完成了。

池　田：这真可说是横跨几代人的大事业啊！你们不仅认真地修复了正在崩落的壁画，还临摹了以前失去的壁画留给后人。临摹需要很强的正确性和严密性，为了保护珍贵文化，这真是意义深远的作业啊！

常书鸿：中国绘画史上出现过许多著名的画家。比如，您所知道的晋朝的顾恺之，隋朝的展子虔，唐朝的阎立本、吴道子、李思训等。可是，由于千百年来自然和人为的破坏，现在已经无法再见到他们的真迹了。

我克服重重困难，终于到达敦煌，亲眼看到那绝妙的壁画时，我发誓要保护这些壁画，研究它，使它为后人所知。自此以后，临摹壁画便成为我们首要的工作。

通过临摹，可以研究中国古代艺术的深层结构。壁画的年代从北凉时代到元代，长达近千年，几乎包含着一部中国美术史。

另一方面，有壁画的洞窟面临倒塌的危险。敦煌过去曾受到强地震的影响，洞窟里有些地方已经塌落，同时，壁画也发生了脱落、变形等问题。因此，我们想，如实地加以临摹也是保存壁画的一种手段。因此，我主张在临摹时必须忠实于壁画原来的精神。

池　田：不仅要正确地画下原作的外形，而且要忠实地再现原作内含的主题和气质——这就是所谓"临摹"的精神吧！不过，你们最初临摹莫高窟的壁画时所用的画具、颜料和纸笔是怎么来的呢？

常书鸿：1942年9月，在准备设立国立敦煌艺术研究所之前，我在重庆举办了个人绘画展。卖画所得的钱，一部分用于购买去敦煌的生活用品，一部分则买了需要量很大的纸、笔和颜料。

敦煌早期的临摹是用这些原料完成的。后来，我们用完了从重庆带来的全部原料，就使用过去画工们留下的颜料和纸笔。新中国成立后，才最终解决了材料不足的问题。

池　田：壁画的临摹画使没有机会去敦煌的人们也有了了解敦煌艺术精髓的机会。在我创立的东京富士美术馆举办"中国敦煌展"时，您给我们送来了34件临摹作品。通过这些作品，不少日本人了解到敦煌艺术的绚丽光彩。

与遥远的"敦煌世界"的邂逅——毫无疑问,是与自己文化渊源的邂逅。在佛教这片共同的土壤上,敦煌艺术植根于丝绸之路,它会使看到它的人们超越国界和民族的差异,获得精神上的共鸣。对那些具有专业知识的人来说,珍贵的文物和各个时代不同的表现手法与线条也会使他们受益匪浅。

常书鸿:临摹时,必须首先考虑时代特色。北魏时代的画拥有着色厚重的特点,而最为发达的唐代,在同一个洞窟中可以看到两种完全不同的画派的作品。例如,第172窟中,同是"西方净土"的题材,南边的壁画与北边的壁画在构思、色彩、线条以及风格上迥然不同。

到五代时期,壁画出现了独特的西北地方特色,至宋代以后逐渐缺少变化,走上了形式主义道路。

池　田:临摹时,除了正确、客观地临摹原作,你们也要把因岁月流逝导致的变色、褪色以及受到破坏的作品复原到原来的状态吧?

这些都是有着深远意义的作业。值得庆幸的是,我们终于能够看到客观地按原作尺寸大小、以原色彩临摹而成的作品。我听说,按原来尺寸临摹第285窟(西魏)的壁画时,6个人花了两年时间才完成。

常书鸿:在莫高窟碑文中出现的最早的年代是前秦建元二年(366年)。壁画中出现的最早的年号是第285窟中书写的"大代大魏大统四年""大代大魏大统五年",也就是538年、539年。

第285窟中的壁画几乎全部保存了下来。1925年,美国的华尔纳[1]曾计划将全部壁画剥下带走，但最后失败了。这里的壁画可以称得上是佛教艺术传入中国、吸收本土艺术而形成的代表作。

新中国成立以来，我们临摹作业的条件大为改观，国家为我们提供了优质的纸张和颜料。在这些帮助下，我们用了两年多的时间，按原尺寸、原色彩完成了这个洞窟全部壁画的临摹工作。

池　田：壁画上记载的"大代大魏大统四年"（538年），根据《上宫圣德法王帝说》一书，是百济的圣明王送给日本佛像和经书的那一年。

此后不久，日本的传统思想和新传来的佛教思想展开了斗争。这个洞窟的壁画是将中国诸神与佛教题材一起画进来的。富于中国神仙思想的神兽凌空飞翔，而手捧莲花的飞天也翩翩起舞，在这里出现了一个中国本土文化与印度传来的佛教文化相融合的世界，十分耐人寻味。

---

[1] 华尔纳：美国人。1924年至1925年间，他在敦煌盗走和破坏了大量的珍贵文物。

莫高窟的壁画

池　田：我认为，莫高窟壁画的每件作品都是精彩的敦煌艺术结晶，对先生来说，这也是思慕甚深的作品吧。要评判优劣或许很难，不过，您认为哪一幅作品是莫高窟壁画中最优秀的作品呢？

常书鸿：我认为北魏时代（386—534）第254窟中的《萨埵那太子舍身饲虎图》最为精彩。隋代（581—618）第420窟中的《法华经变》（用画表现经文中的故事）一幅也很杰出。唐代（618—907）第220窟的南北壁画上的《西方净土变》和《药师如来》也极为出色。

池　田：北魏时代可以说是从印度传来的佛教逐渐在中国扎根、开始发展壮大的时期。不过，当时中国道教的势力很强，以道废佛之事时有发生。先生刚才所说的那幅北魏时代的画就是在那个时代背景下，选择以释迦前世的菩萨修行作为题材而创作的吧？

隋唐时出现了强大的统一国家,"大一统"开始出现。作为外来宗教的印度佛教也开始走出原来的框架,与中国人的国民性相适应。因此,这时有许多中国人开始追求大乘佛教宏大的世界和理念,尤其是追求《法华经》的宇宙观和永恒性。我想这在当时的壁画中也会反映出来。

特别是唐代,以《法华经》为基轴的中国佛教进入了前所未有的鼎盛时期。不过,达到顶点之后中国佛教开始走向衰微。这种不安和恐惧从唐代后期开始支配人们的思想,因而开始追求西方净土的净土宗和托身祈祷的真言密教等"异端"佛教逐渐流行。刚才先生所说的壁画,从中国佛教变迁的历史来看,可以说如实地反映出时代特色。

请问,最大的壁画在哪个洞窟?是哪一幅壁画?花了多长时间才完成?

常书鸿:最大的壁画是第61窟的宋代壁画《五台山图》,高3.42米,长13.45米。李承仙从1947年到1949年临摹了这幅壁画。洞窟中特别暗,早上用镜子反射太阳光进行临摹作业,下午,太阳光照不到临摹的地方,她就一手举着灯,另一只手画画。她用这种方法画了两年才完成这幅壁画的临摹工作。

因为那幅壁画离地两米多高,所以作业时必须搭棚子或台子。无论夏天还是冬天,她都是在上下棚中作业的,而且还得一只手举着灯。由于壁画的面积特别大,因此作业更增加了难度。

这幅《五台山图》在宋朝时,如果由一个画工来完成,我想大约需要10年工夫。

池　田：噢！

常书鸿：池田先生感到最亲切、最好的是哪幅壁画呢？（笑）

池　田：从感受特别亲切这点来说，恐怕还是那幅《法华经变》了。"中国敦煌展"中展出的取材于《譬喻品》《化城喻品》《观世音菩萨普门品》经文的临摹画，我都兴致勃勃地观看了。

看到以绘画表现《譬喻品》的三车火宅譬、《化城喻品》的化城宝处譬等，使人感觉《法华经》就活在民众的心中、跳动在画工们的生命里。

我了解的画不多，就"中国敦煌展"中看到的作品来说，最喜欢第23窟的《雨中耕作图》（唐代）。这幅画是根据《法华经》的《药草喻品》经文所画的，生动地表现出当时民众的生活情景。

天空中乌云低垂，细雨开始飘落。人们用扁担挑着工具，匆匆走在田间小道上；田里的农夫赶着牛耕地；一对农民夫妇和孩子们一起吃饭；画的下方有一位农妇在跳舞，6个人演奏着笛子和其他乐器，而孩子们在一旁玩沙子。

画的上方是描写辛劳耕作的场面，下方是收获后的喜悦，细细看去很有情趣。我们可以感受到民众与大地同生存的强大生命力和他们生活的悲欢，意味深长。从表现技巧、色彩感觉上讲应当说是素朴的作品，但我喜欢这幅画。

在佛法上，雨象征着佛的慈悲。雨从天上降下来，平等地滋润大地万物，用这样的譬喻来表达佛的万物平等、普度众生的慈悲心，是最为贴切的。

在强调佛的慈悲心的大乘佛教，尤其是《法华经》中关于雨的叙述和譬喻非常多。

比如，《妙法莲华经》序章第一节中有这么一段："今佛世尊，欲说大法。雨大法雨，吹大法螺，击大法鼓，演大法义。"（现在佛陀、世尊讲说大法，降下大法雨，吹起大法螺，打起大法鼓，演说大法的教义。）而且还有这么一句，"佛当雨法雨，充足求道者"（佛陀将讲出大法，以满足寻求佛道的人）。

还有，《雨中耕作图》取材于《药草喻品》的"三草二木譬"，雨本身就是主题。

这个譬喻中，大、中、小三种草，大、小两种树各有差异，但同受上天降雨的滋润，全都开花结果。与此相同，无论人的素质和能力有多大差别，国家和民族有什么不同，佛的慈悲都平等地倾注到每个生灵的头上。这里宣示了绝对平等的佛陀慈悲，展示了深远的法理。

常书鸿：我喜欢的壁画是莫高窟第254窟的《萨埵那太子舍身饲虎图》。萨埵那太子可怜饥饿的老虎，将自己刺出血来，以身体喂养老虎。老虎吃掉了太子，两个兄弟看到太子的残骸放声大哭，国王、王妃也悲伤地流了泪。他们为太子建了一座塔来埋葬尸骨。整个故事在一块四方形的画面上完整地表现了出来。衣服的线条、皱纹落笔有力、流畅。色彩以暗茶色为基调，用青、绿、灰、白等颜色烘托出一种庄严沉寂的气氛。看到这幅画，不禁令人想起画史上所记载的大画家顾恺之先生的逸事。顾先生曾对一个寺庙说他要捐10万元钱，可是他很穷，寺庙的住持嘲笑他拿不出那么多钱。他关上庙门，用了一个月的时间，在那座庙的墙壁上画出了《维摩诘图》。完成的那天,他打开庙门,那是一幅精妙绝伦的伟大作品!人们为那幅画所倾倒,竞相捐献钱财,不出几天便募集了10万元钱。从这则逸事,我们可以了解到晋朝绘画技艺之高超!

池　田: 在莫高窟的壁画中,有许多描绘这类佛教故事的画作。这幅《萨埵那太子舍身饲虎图》的构思和布局非常富有戏剧性,那庄严的氛围给人留下了深刻的印象。

释迦生前通过各种方式舍弃自己的生命去拯救人类和动物,这类故事作为"迦塔卡"(本生谭——释迦前世的故事)流传至今。这个萨埵那太子的故事便是一例。

佛教通过简单的故事向人们宣扬佛教的重要思想和理念。其中,萨埵那太子的故事对我们这些信奉佛教的人来说,实在是太熟悉了。

"迦塔卡"的形成有着深刻的背景:释迦之所以成为伟大的佛陀,是因为他无休止地追求菩萨行,从而达到佛陀的觉悟通达。

因此,"迦塔卡"的本质意图在于赞扬释尊的伟大。至于他是否真的将自己的肉体喂给老虎或其他动物吃,这些都不是关键之所在。

从这里我们可以看到,佛教的慈悲不局限于对人类的爱,也包括对一切生物的爱。应该说,它拥有"生命共同体"的博大和宽容性。

常书鸿: 我明白了。除此之外,还有哪些画给先生留下了印象?

池　田: 还有北魏时期第263窟的《供养菩萨》,描绘的是释迦初次在鹿野苑说法的部分场面,表现得悠然自得。还有,曾在"中国敦煌展"中展出的西魏时代(535—556)第285窟的《伎乐飞天》

和隋朝第427窟的《飞天》。在《法华经》的《如来寿量品》中，"诸天击天鼓，常作众伎乐，雨曼陀罗华"（许多天众敲着天鼓，经常表演各种歌舞，又降下曼陀罗花），描绘出一边演奏各种乐器、一边飞翔的伎乐飞天和散花飞天的景象。

这些画面简直太精彩了！西魏的《伎乐飞天》中连续画出12种不同姿态的飞天，衣服掀动给人以动感。隋朝第427窟的《飞天》也轻快地跳动着。西洋画中的天使大都在身体两旁长有翅膀，而这些壁画中，飞天们凭着天衣的羽动而自由自在地飞翔。由此我们可以了解到，在印度佛教传进中国与神仙传说相融合的过程中，画家们展示了丰富的想象力。

初唐第220窟的《维摩诘经变》，表现力既丰富又缜密。堂堂帝王的风貌、随侍大臣们的表情，各有特色，充分展现出绚烂多彩的气氛。维摩诘的脸、文殊菩萨的表情，生动地呈现出《维摩经》的内容。

"藏经洞"（第17窟）北面的壁画是几万卷敦煌文献被运进藏起和被搬走的历史见证人。这个故事仍旧让人无法忘怀。即使这些另当别论，用确切的表现力画出菩提树、侍女、比丘尼，这也算得上是敦煌壁画中的"白眉"（最优秀者）了。

常书鸿：从第17窟的《侍女、比丘尼像》，我们可以看到当时典型的侍女和比丘尼的姿态。画中她们充分反映出当时中国女性文雅安详和温柔顺从的性格。因此，我觉得她们好像历尽世态炎凉、忍受千辛万苦，以近乎冷漠的目光静静地注视着世上的一切。

池　田：在敦煌的装饰图案中，可以看到莲花纹、团华纹、云气纹、格子纹、卷草纹等独特的纹样。

常书鸿：中国自古就很重视装饰构思和布局，它的发展从未衰退过。敦煌艺术的中心是宗教信仰，它的装饰构思在宗教传进的同时，也广泛吸收了当时中原及国外传来的图案，例如忍冬纹、葡萄纹、连珠纹、宝相纹、莲花纹、云气纹等。敦煌壁画中出现的图案内容十分丰富，包罗了当时中原地区、西域和国外传来的各种画派的风格。

池　田：忍冬纹、葡萄纹、连珠纹等大都受到了西域的影响吧？

常书鸿：敦煌莫高窟的壁画中确实有大量的忍冬纹、连珠纹、葡萄纹等图案，其中有些是从西域传来的，有些是画工们师徒相传留下来的。

在最早的洞窟中，我们已经发现了忍冬纹图案。连珠纹是从隋朝开始出现的。各个洞窟中发现最多的是莲花纹图案。

池　田：除了植物花纹，也可以看到动物纹样吗？

常书鸿：莫高窟附近的佛爷庙曾出土了画像砖，这些都是莫高窟建窟以前的作品。其中有虎的纹样，那时虎的纹样与汉代墓碑上虎的特征完全一样。

早期的动物纹样比较抽象，有些浪漫。后来动物图案逐渐接近原物，神态典雅，生动逼真，我觉得它们已经趋于图样化、典型化了。

池　田：第 156 窟（晚唐）中，与《张议潮统军出行图》相对，有一幅《宋国夫人出行图》。我对宋国夫人的姿态印象颇深，在骑马女官和仪仗队的先导下，她骑着马静静前进。

常书鸿：在敦煌壁画中确实可以看到女性骑马的姿态。小说中也出现过不少女英雄沙场征战、杀敌制胜的故事，而且这些故事广泛地流传了下来。如穆桂英、花木兰等传说最具有代表性，中国称她们为"巾帼英雄"（巾帼是女性的头巾，也是女性的象征，此处指女性英雄）。

池　田：提到骑马的女性，我又想起了《水浒传》中活跃的女杰——一丈青扈三娘的英姿。与梁山泊的军队对抗时，她作为祝家庄的女英雄一跃登场。

她手持日月双剑与梁山泊的好汉奋力厮杀。不过，后来她被人称"小张飞"的蛇矛枪名将林冲俘获。之后她便加入了梁山泊军队，做了骑兵队长。

扈三娘本身也许是虚构的人物，但从梁山泊一百零八将中以她为首的几名女将身上，我们可以想见当时女性参加战斗的场面。那时，北国频频骚扰，战乱四起，有不少女性加入男人的队伍参加战斗。

常先生介绍了女英雄花木兰，描写这个故事的作品《木兰诗》在日本也广为人知。木兰是个孝顺姑娘，她守着年迈的父母，靠织布维持家计。有一天，她家里收到了守卫国境的征兵令。但是，家里没有年轻男孩，如果让老父去残酷的战场，无疑就是送死。因此，木兰决心女扮男装，代父从军。10 年后，木兰立功回乡。她一溜烟儿地回到父母日夜盼望她的家里，脱下布满征尘的战袍，恢复了往日的姑娘打扮。这时，一起归来的战友们才发现木兰原来是个姑娘，不禁哑然惊异。

《木兰诗》是6世纪北魏时代创作的，曾被搬上京剧舞台，或拍成电影。这恐怕是由于木兰生气勃勃的姿态深受人们爱戴之故。除此之外，唐朝开国皇帝李渊的女儿平阳公主，接到父亲起兵的消息后也揭竿而起。她卖掉家财，舍弃安逸的生活，募集了7万军队，也加入起义的行列。她的队伍在关中威风凛凛，被称为"娘子军"。我游览万里长城时曾在娘子军驻扎过的娘子关参观。在危急关头，很多女性能够清醒地面对现实，焕发出超常的力量。

第61窟的壁画上，有曹氏家族的女侍者、三位比丘尼像和嫁给于阗[1]国王的曹议金女儿像，人物竟达49个之多！

常书鸿：五代时期，中原陷入战乱状态。作为敦煌的统治者，为了寻求安定，曹氏三代都积极从事东西间的通婚工作，这成为他们统治政策的一环。因此，当时女性发挥了非常重要的作用。

当时执行的这种政策，是为了维持曹氏家族的统治。曹议金的女儿嫁给于阗国的国王做了皇后，于阗国王又把自己的女儿嫁给了曹议金的儿子。这种婚姻关系巩固了曹氏家族的统治。

池　田：第98窟中的壁画生动地描绘了王妃——曹议金女儿富足的生活。头戴凤冠、胸佩宝玉饰物、手持香炉，这种典雅的王妃风

---

[1] 于阗：古代西域国之一，在今新疆和田一带。盛产美玉。

范使人联想到昔日西域的繁荣。

她的国家以盛产玉石而著称于世,她胸前的玉佩大概就是当时她的国家生产的玉石吧!

她所下嫁的国家是丝绸之路上最早出现在西域南道的繁荣国家,算得上最大的绿洲国。那时,佛教已经广泛地深入人心,受到人们的崇信。

刚才我们谈到了飞天,我想听听常先生的看法。

常书鸿:壁画中佛像最多,排在第二位的便是飞天了。飞天在梵语中被称为"乾闼婆",是佛教诸神之一。5世纪时鸠摩罗什[1]把《法华经》译成中文,在《譬喻品》中如此描述"飞天":"尔时四部众,比丘、比丘尼、优婆塞、优婆夷、天、龙、夜叉、乾闼婆、阿修罗、迦楼罗、紧那罗、摩睺罗伽等大众见舍利弗,于佛前受阿耨多罗三藐三菩提记,心大欢喜,踊跃无量。各各脱身所着上衣,以供养佛。释提桓因、梵天王等,与无数天子、亦以天妙衣、天曼陀罗华、摩诃曼陀罗华等,供养于佛。所散天衣,住虚空中,而自回转。诸天伎乐百千万种于虚空中一时俱作,雨众天华。而作是言……"(那时,四部之众生的比丘、比丘尼、在家的男性信者、在家的女性信者,与天、龙、夜叉、乾闼婆、阿修罗、迦楼罗、紧那罗、摩睺罗伽等大众看到舍利弗,在佛陀面前接受无上正觉的记别,心里非常欢喜,尽情喜悦地舞动着。他们各自脱掉身上穿的上衣献给佛陀。释提桓因、梵

---

[1] 鸠摩罗什(Kumārajīva,344—413):后秦佛教学者。原籍印度,生于西域龟兹国(今新疆库车一带)。翻译了大量的佛教经典,著名的有《妙法莲华经》《摩诃般若波罗蜜经》等,对后世佛教的发展影响甚大。

天王等,与其他无数的天子一起,以天上的美丽衣服、天上的曼陀罗花和摩诃曼陀罗花等,供养佛陀。这时供奉在佛陀前的散乱的天衣都飘浮在空中,自然旋转。众多天神同时弹奏起百千万种音乐,天上的花朵也纷纷飘落。于是,他们写下了这样的话……)

池　田:常先生刚才提到的"乾闼婆"是守护佛法的八部众之一。同样在《法华经·法师品》中写道:"我时广遣天、龙、鬼、神、乾闼婆、阿修罗等,听其说法。"(我那时就派遣天、龙、鬼、神、乾闼婆、阿修罗等,去听他说法。)乾闼婆是天界的乐神,不食酒肉,只吃香火,据说与紧那罗一起在帝释天面前演奏音乐。

在敦煌,这无数的飞天都出自画家的想象力。刚才先生提到《譬喻品》中"所散天衣,住虚空中,而自回转。诸天伎乐百千万种于虚空中一时俱作,雨众天华。而作是言"一段,便与敦煌无数的飞天形象叠合在一起。

常书鸿:在敦煌壁画中,音乐与大鼓同时演奏,散花开始,在佛说法最严肃的时刻,飞天们用各种姿态随意飞翔在空中,这些场面随处可见。洞窟的顶部,说法图上方,楼阁的门上、窗上、柱子上以及佛说法时背后的光圈上到处都有她们的身影。她们的美丽为这些地方做了装饰,真可谓"天衣飞扬,满壁风动"(飞天的衣服翻动,在洞窟中掀起风浪)之世界。

李承仙调查了敦煌的 492 个洞窟,其中有 270 多个洞窟中绘有飞天的形象。其中,第 290 窟中竟有 154 个飞天在飞舞。最大的飞天在第 130 窟,如果加上衣服的话,它的身长是 2.5 米,但最小的飞天却连 5 厘米都不到。

池　田：因时代不同，他们有时被画成男性，有时被画成女性，表情和姿态也各有不同。

常书鸿：西魏时代第 285 窟壁画中的飞天眉清目秀，穿的衣服有长长的袖子，拖着长长的带子，而且男性裸体飞天也画在上面。

隋代的飞天柔和飘逸，呈现出非常美丽的姿态。到了唐代，飞天变得丰满圆润，就如历史书和文学作品中描写的杨贵妃一样，是典型的唐代美人的姿态。

池　田：第 130 窟（盛唐）有一幅《都督夫人太原王氏礼佛图》，上面画着都督夫人、女儿及九名侍女。这几位女性都是"曲眉丰颊"的丰满体态，具备了杨贵妃的特征。在这种审美观下，把在天上飞舞的飞天画成丰满的姿态。由此可知，不同时代对美的看法也不同。

常书鸿：莫高窟的壁画因时代差异而风格各异，这是因为不同的时代造就了不同的历史感觉、艺术风格及美感。

池　田：对我来说，莫高窟的飞天除了画家们想象的各种姿态、形状自由伸展的世界，还有一种印象浮现在我的面前，那就是井上靖先生《敦煌诗篇》中描绘的飞天形象。

井上靖先生将一位在莫高窟疏林里生活了 30 多年的敦煌文物研

究所的人告诉他的话写在书中:"大约 20 年前,我一度梦见过飞天。那是深夜,几百个天女翻动着衣袖朝天的一角飞去,一直到最后一名天女消失为止。我听到轻轻的风铎声和骆驼铃声从遥远的地方传来。"

广阔的沙漠中,夜色深沉,几百个飞天飞翔而去,这是何等庄严、宏大的景象啊!静寂中微微传来风铎声和骆驼铃声,诗一样的感觉在我的心中扩散开来。

《法华经》的由来

池　田：敦煌发现的经典之中，有关《法华经》的经典曾在"中国敦煌展"中展出过。

这次敦煌展中展出了在世界上初次公开的一级文物。

这次展出综合介绍了壁画的临摹画、出土文物和经典，在各个举办的地方都受到了好评。我也饶有兴趣地参观了这些展品。我曾向常先生请教，得知敦煌文书中占多数的是佛教经典，其中最多的是《法华经》，这真是件好事情。

常书鸿：池田先生在"中国敦煌展"中对哪件展品最感兴趣呢？有什么感想呢？

池　田：在展出的127件作品中，选出一件最喜欢的实在是很困难的事情。有位学者说，展出的作品都是丝绸之路的瑰宝，好像是进了宝山一样，眼睛不知该往哪儿看了。（笑）

对我来说，能看到 30 多部《法华经》的写本展示出来，真是很感激。

特别是常先生自己在敦煌庙中发现的北朝时期的《法华经》，听说是罗什三藏汉译后不久的写本。

还有一部西夏文字的图解本《法华经》。西夏的主要民族是藏系的党项羌[1]，西夏文字是于 11 世纪创造出来的。一个民族创立自己的文字是一件非常了不起的事情。他们把《法华经》译成西夏文字阅读并信奉。《法华经》有 3 个汉译本，这个西夏文字的《法华经》是根据鸠摩罗什翻译的《妙法莲华经》译成的。我从此了解到《妙法莲华经》超越民族的界限广为人们所信奉这一史实。

常书鸿：在莫高窟有许多元代时期建造的土塔。土塔的骨骼是中间的柱子，柱子下面的台基经常埋着许多东西。因此，有的受到土匪和军队的破坏，有的已经完全倒塌、崩毁了。

1959 年窦占彪在修复塔基时，发现了一个像土块样的包袱。最初以为它是一个土块，但手一摸才知道是一件包袱。打开一看，在印着花纹的布中，包着这本西夏文字的木刻图解《法华经》。这是藏经洞内几万经文当中都没有的。这是一项非常重要的发现。

池　田：先生，你认为《法华经》最初传来敦煌是什么时候？由哪里传来的？

---

[1] 党项羌：古代少数民族。北宋时期建立了以党项羌为主体的西夏政权。

第三章
人类闪光的遗产

常书鸿:《法华经》在隋朝时就已出现。至于起先是从什么时候传来的,到目前为止尚无定论。它的传入途径,我想恐怕是从天山南、北两路传来的。

池　田：1961年（昭和三十六年）我初次访问印度,那是就任会长后的第二年。在那次旅程中,我去了释迦成道的佛陀加雅。中国是优秀历史和文化的宝库,印度也称得上是精神和哲学的宝库。

佛教从印度的发祥地通过天山,越过沙漠传到中国,然后越过海洋又传到日本。丝绸之路是连接长安和罗马的通商之路,同时也是一条横穿亚欧大陆,通向日本的伟大的佛教之路和文化之路。这条文化与宗教之路我们称之为"精神的丝绸之路"。它是连接心灵与心灵的纽带,是佛教传来之道,有着印度、中国、日本等亚洲各国的各个时代精神文化的丰饶土壤。常先生也曾在印度举办过"敦煌艺术展"吧？

常书鸿：1951年我到过印度（举办了一场"敦煌艺术展"）。

池　田：印度作为佛教的发祥地,当时有何反响呢？

常书鸿：当时成为轰动一时的重要事件。尼赫鲁总理（1889—1964）与其女儿英迪拉·甘地[1]一起前来参观,还有大批僧侣也前来

---

[1] 英迪拉·甘地（Indira Gandhi, 1917—1984）：生于印度北方邦阿拉哈巴德市,印度总理（1966—1977, 1980—1984）。1984年10月遇刺身亡。

参观。僧侣们对那些临摹画和塑像非常尊敬,他们心中怀有深沉的虔诚信仰。

池　田:访问印度 13 年后,我才第一次访问贵国。那时,我到了西安——昔日的长安都城,《法华经》的汉译就是在那里进行的。那次旅行令我感慨万千。

西域龟兹国[1]人鸠摩罗什从小学习佛法,后来被后秦国王姚兴[2]请到长安。在公元 401 年之后,他在姚兴的保护下翻译了众多的经书,尤其像《妙法莲华经》那样成为人类伟大精神遗产的经典之作。

常书鸿:以先生之见,《法华经》与其他经典主要有什么不同?

池　田:这真是一个很敏锐、很重要的问题。关于《法华经》,有必要区分"文上"和"文底",现在主要是讨论敦煌艺术,就让我省略这部分,只就"文上"简单地讲一下。

《法华经》与其他经典比较,根本之处在于它是原原本本地说明释迦在菩提树下觉悟理解"宇宙和生命根源之法"的最高经典。

释迦自己达到悟境后,考虑到自己所悟之法(真理)太广、太深远,不易为众生所理解,曾一度想放弃向众生讲说悟得的法。但是,如佛经所说,有名的梵天多次请求他普度众生,他才终于改变心意,开始在印度展开长达 40 余年的说法之旅。他一度想放弃是因为他所

---

[1] 龟兹国:古代西域国家之一,在今新疆库车一带。

[2] 姚兴(366—416):十六国时期后秦国君。他在位期间提倡儒学和佛教,曾邀请西域高僧鸠摩罗什翻译佛经。

悟之法难度太大，所以不能像以前那样对众生讲说，而是以"对机说法"的方式，针对人们理解能力的差异教给他们与他们的能力和苦恼相适应的方法，来解救他们。

这样释迦一直坚持说法到晚年。作为一生救济众生的总结，更为了自己圆寂之后能为人们留下遗产，他把在菩提树下悟得的法原原本本地说了出来。这就是《法华经》的内容。

与《法华经》相比，其他经典都是释迦针对个别人的理解能力和苦恼而进行说法的。从《法华经》的"真实"来看，这些只不过是些"方便"的教法，是由一些高低深浅、种类杂多的教法组成的。

例如，有的经典教说，声闻和缘觉不能成佛，女人和恶人不能成佛，但也有鼓动他们成为菩萨的。这样，《法华经》与其他经典在写作的背景和内容上就有决定性的不同。稍加整理我们可以看到两点：

第一，《法华经》照原本、按原样说明了释迦所悟之法，而其他经典只不过是从侧面宣扬了所悟的部分之法。

第二，《法华经》阐明"宇宙和生命根源之法"，也就是说宇宙间一切万物都是基于此根源之法而存在。《法华经》主张一切生物绝对平等，主张所有的人都能成佛，而其他经典却主张女人、恶人、声闻、缘觉等不能成佛。

▲ 常书鸿先生

▲ 池田大作先生在第 20 届国际创价学会总会上演讲
（1995 年 10 月　兵库）

20世纪50年代,常书鸿在石窟中临摹

1954年常书鸿在莫高窟第130窟峭壁上指挥窦占彪修栈道

▲ 20世纪60年代，常书鸿和同事们一起工作

◀ 李承仙女士临摹壁画

▲ 1964年敦煌文物研究所所长常书鸿和莫高窟的艺术家们

◀ 常书鸿先生与日本友人井上靖先生、清水正夫先生等在玉门关（1978年5月3日 敦煌）

▼ 1979年日本作家井上靖先生欢迎常书鸿、李承仙夫妇和女儿常沙娜访问日本

▲ 常书鸿先生和夫人在莫高窟（1983年 敦煌第57窟）

▲ 常书鸿先生与池田大作先生
（1990年6月 北京）

◀ 常书鸿先生与池田大作先生会面（1990年11月 东京）

▲ 常书鸿先生赠给池田先生的油画《攀登珠穆朗玛峰》

▲ 常沙娜与父亲常书鸿

▲ 1991年，进入米寿之年的常书鸿再画敦煌飞天图

▲ 常沙娜与平山郁夫先生

纪 念

为敦煌艺术奉献终生的

常书鸿先生诞辰100周年　　李承仙先生诞辰80周年

常书鸿	李承仙
画家 字廷芳	画家 字霞飞
浙江杭州人	江西临川人
1904.4.6—1994.6.23	1924.9.24—2003.8.28

▲ 中国邮政为纪念常书鸿先生诞辰 100 周年、李承仙先生诞辰 80 周年特意发行的明信片（2004 年）

▲ 创价学会第二任会长户田城圣，池田大作先生的恩师

▲ 池田大作先生与英国历史学家阿诺德·汤因比博士对谈（1973年5月 英国）

▲ 池田大作先生于1999年荣获"世界公民"与"和平大使"荣誉称号

第四章

美与创造的世界

敦煌艺术的特色

常书鸿：池田先生，请问您对敦煌佛教艺术的特色，有什么想法？

池　田：对于这个问题，我的看法也许不太全面。不过，我认为首先应从印度佛教艺术的变迁中来研究敦煌佛教艺术。这是个很有趣的课题。您知道，印度在释尊去世后很长时间内，并没有创造出释尊的具体塑像，而是代之以菩提树、散花台座等作为释尊的象征。

这样做的理由有很多，我想其中之一可能是起因于释尊教导的初期佛教思想。初期佛教很重要的思想之一是"诸行无常"。所谓的"诸行无常"，就是指人的存在及宇宙、自然界的种种事物，每时每刻都在变化，即处于一种"无常"的状态之中。

由此可以推论出，尽管释迦牟尼是备受尊敬的伟大贤者，但在他之后的佛教徒们因为考虑到愈是尊敬老师，就愈要忠实于老师的教诲，所以也就没有用具体的雕刻或者绘画等艺术形式来再现释尊的形象。

之所以这样做，是因为虽然说是释尊，但仅就其形象而言也是一种"诸行无常"的存在，是瞬息万变不会静止的，所以以表现哪一个瞬间的释尊形象就成了问题。而且，用一个不变化的形象来表现释尊的话，会有形象固定化的危险。

常书鸿：对，最初是这样的。

池　田：但是，随着时代的发展，这种想法产生了很大的变化。之所以这样说，是因为释迦牟尼去世几百年后，直接聆听他的教诲，跟随其左右的徒弟们早已相继去世。这样，从人们心理的自然反应来说，对佛陀释尊的思慕之情也越来越强烈；同时，对于佛陀释尊到底是以什么方式存在的哲学思考也产生了。由此，有人认为佛陀释尊有其永恒性的一面和无常性的一面。确实，作为无常性一面的佛陀释尊，其肉体虽然消失了，但释尊所悟出的宇宙间森罗万象的真埋却是永恒不变的。于是，人们越来越思慕具有永恒性一面的佛陀，并且产生了一种强烈的愿望，那就是以某种形式将他表现出来，由此创造佛画或者佛像的愿望愈加高涨起来。

同时，到了大乘佛教时代，就像"大乘"其名那样，许许多多的俗家大众都皈依佛祖、笃信佛教。这样，为了教化众生，或者是作为当时人们渴望的归宿，想要唤起人们对"佛"的意识，就有必要用具体的形象来展现佛陀释尊。在以上各种条件的相互作用下，终于迎来了创造释尊塑像或绘画的时代。

最初，在我们所信奉的作为大乘教真髓的日莲大圣人的大佛法中，信仰对象的本尊，并不在于其形象及影像结晶的佛画或佛像，而在于其本源的文字上的"御本尊"。恕我斗胆直言，"御本尊"就是我们所尊奉的日莲大圣人的最高而极尊的表现。这一点，和以往佛教的本尊有着根本性的区别。不过，因为这里说的是与敦煌佛教艺术有关的话题，所以，到此为止，让我们回到原话题上去。

最先创造释尊肖像的是犍陀罗（现巴基斯坦西北部白沙瓦地区的古名）贵霜[1]王朝时代的人们。

他们在希腊文化的影响下，再现了释尊的形象。佛像最初出现在印度次大陆的时间大约为公元1世纪末或是2世纪初。继犍陀罗创造佛像之后，印度秣菟罗创造的佛像，也渐渐出现在印度各地。在佛教传入西域、敦煌的过程中，佛像反映出各个区域的风土、民族特色及文化背景，表情、姿势也产生了变化。

就敦煌来说，从北凉（397—439）到元朝（1206—1368），经过了长达千余年的营造。而且，在各种不同的文化背景下，各个壁画也反映出不同的时代特色，这一点是很宝贵的。

纵向有千余年的长远岁月，横向有印度、西藏、西域诸国及中原等广袤的空间，从漫长的时间和广阔的空间这一点上看，敦煌艺术在佛教艺术史上有着非常高的文化价值。敦煌艺术的表现对象，当然是以佛、菩萨、佛教经典的内容为主。这些作品，与捕捉自然风景和人性美的艺术作品相比，可以说是更直接地从对永恒存在的敬畏和祈求中所诞生出来的艺术。

---

[1] 贵霜：约公元1世纪上半叶兴起于中亚细亚的古国。创立者为大夏贵霜部落翕侯（首领）丘就却。后经不断扩张，成为一个大国。迦腻色迦（2世纪上半期）在位时崇尚佛教，远与中国、罗马相交通，为全盛时期。

常书鸿：敦煌的作品，是画工们从自己心灵深处创造出来的。

池　田：在敦煌的美术作品中，可以发现大部分是出于祈求脱离不幸的现实、渴望平静的生活及安详死去的愿望而创作的。所表现的世界，有很多是虚幻的，与现实生活相去甚远的情形不少。画工们所创造的佛、菩萨艺术，具有威严感，充满慈爱、温柔，而且都很大幅。在净土中，尽他们所有的想象力创作出了豪华、庄严、气派的作品。敦煌艺术从这种想象力中产生出来，对画工们而言，可以说是他们的理想或场景的具体表现。与此同时，供养者们的形象也有非常逼真的、写实性的刻画。作为了解当时社会条件下人们的服饰以及生活状况的资料，这些是很有参考价值的。解释经典内容的画卷及描绘传教场面的绘画，也在某些方面反映了人们的现实生活。这种想象与写实、虚化世界与现实生活的两面表现手法，以及二者合而为一、充满人情味的艺术，我想可以说是敦煌艺术的一大特色。

常书鸿：敦煌艺术是画工们创意性的杰作。在壁画当中，没有完全相同的东西，即便是描写同样经典内容的艺术作品，画家们也根据自己的创造力和想象力创作出了完全不同的作品。拿第61窟的《五台山图》来说，既画有磨面的人、登山的人，也画有嬉戏的马儿，随处可以看到画家的独具匠心。敦煌的艺术作品保存到今天还显得栩栩如生，是因为画家们是用心、用灵魂创造出来的。从心灵深处产生的创造力，是真实的、不虚假的。真正的艺术品，即使经历千百年，仍能给人以强烈的感染力，其艺术性经久不衰。这些作品到今天仍有影响力，是因为这些作品有着很强的生命力。

池　田：说得很对。

常书鸿：历史上，像宫廷艺术作品那样豪华绚丽的作品并不少见，但是，这些作品几乎不能给人多少感染力。在艺术作品中，有绝对价值和相对价值之分。根据时代不同，从当时各种各样的利害关系来看，或者根据宣传效果来看，有许多作品曾被人们当作艺术珍品。然而，没有真正价值的东西，随着时间的流逝，人们对其的关注也会减少，渐渐将其遗忘。这只不过是一种相对价值。

但是另一方面，活着时默默无名的艺术家的作品，死后才被有识之士发现，经过百年、千年之后，被人们当作珍贵的艺术品，留传后世。这些艺术作品可以说是具备绝对价值的。我认为，从心灵深处所产生的任何东西都有其价值；相反，有时只看表面觉得非常漂亮的艺术品，仔细看一下，便会发现如同赝品。某一文学家这样说过："向大众献媚的作品并非好作品。"真正的好作品，应该看其内在的东西是有价值还是没有价值。

池　田：刚才，先生谈到艺术作品有绝对价值和相对价值的问题。我想，这里面包含人生及社会上所有层面都通用的重要启示。它不是外来的东西，也不是为了眼前的利害，而是追求永恒的人们在心灵深处创造出来的工作。它不局限于艺术领域，这种工作在任何地方都具有永恒的光辉。

同时，我还想问一个问题。常先生生活在20世纪，发现了古代敦煌艺术的珍贵价值后，就致力于这种艺术价值的复兴。不少人都向往这种灵魂与美的价值的邂逅，企图探求这一崇高的境界，而常先生正徜徉在这种境界里。

这些产生于灵魂深处的艺术,与发现其价值的人超越时空邂逅时,它的生命力便会大放光彩。这种"邂逅",可能在艺术家生前就幸运地发生,也可能在艺术家过世之后几个世纪才发生。从这种超时空的精神共鸣中,我的确感受到了艺术的"妙"和神秘。不管在东方还是西欧,在艺术史上都能发现这种精神与精神的美好邂逅。敦煌佛教艺术同常先生的邂逅,就是一段非常优美的插曲。不过,创造了美的绝对价值的画家们是从哪里获得这种创造性的源泉的呢?

常书鸿:绘画创作的原动力有两种:一种是精神因素,从信仰出发,通过绘画得到内心的满足,相信佛教的人或许以为赎回罪恶便可成佛;另一种是物质因素,为了糊口,他们被雇来作画,如果画得好就能得到报酬。

总而言之,敦煌艺术的创作源泉应该说是宗教。大多数画家是信仰者,或者心存信仰。如果心中不相信佛教,绝对创作不出像敦煌壁画这样辉煌的作品。

池　田:曾和我对谈过的法国艺术家路奈·尤伊古说:"艺术和宗教都有使人超越自我的作用。虽然有时我们能够感觉,然而,它们却令人无法预知、无力明晓,不能洞悉其真实形态。对于这一点,艺术和宗教的作用是相同的。"(《黑暗寻求黎明》)这也就是说,宗教和艺术在人类超越自身、超越真实的物质存在时,有共通之处。

当时,我对尤伊古先生的这番话这样回答:"真正的艺术和宗教在与人类心灵对话时,有一种共通性。在艺术中,我们可以发现它原本就是宗教情感的一种表现。"

敦煌的无名画家们没有得到生活和环境的恩赐，他们之所以能给人留下这些绚烂多彩的佛教艺术作品，正如先生所言，是因为在每个画家心中都搏动着强烈的宗教情感。

敦煌的艺术家们生来就具有艺术才华或造型天赋，再加上他们对佛教的信仰，从生命中引发出创造力的源泉，从事创作活动。

另外，回顾一下艺术的历史，艺术作品大都是为了献给统治者或者富人而作的，为了王公贵族的荣光才创作了大量的雕刻和绘画。另一方面，为教会和伽蓝[1]服务的宗教艺术也曾经盛行。民众生活在权威之下，翻开西洋绘画史就会发现，很长一段时间里，作品的主人公都是神仙、王公和特权阶层。

常书鸿：您讲得很对。

池　田：西方绘画和雕刻的主题，绝大多数是基督教教典里的故事。即使是世俗生活题材，也都是基于古代希腊神话、罗马英雄故事和寓言而创作的。直到描写16世纪佛兰德斯地区农民生活和风俗的勃鲁盖尔[2]，描写17世纪法国平民生活的勒南兄弟[3]出现之后，我们

---

[1] 伽蓝：梵文 saṃghārāma 的音译。僧伽蓝摩的略称，意译为"僧院"。佛教寺院的通称。

[2] 勃鲁盖尔（Pieter Brueghel，1525—1569）：尼德兰画家。他的画多反映农村生活和社会风俗，画风具有鲜明的尼德兰民间绘画特征。作品有《收获》《冬猎》等。

[3] 勒南兄弟：指安东·勒南（Antoine Le Nain，1588—1648）、路易·勒南（Louis Le Nain，1593—1648）和马修·勒南（Mathieu Le Nain，1607—1677）三兄弟。法国画家。他们的作品多表现贫苦农民的生活，是17世纪上半叶现实主义派的代表人物。他们经常合作创作，不署名。代表作有《打铁工》《农家》等。

第四章
美与创造的世界

才渐渐看到以平民生活为题材的艺术作品。17世纪，荷兰的市民文化蓬勃发展，诞生了弗美尔[1]等人的作品。

近代市民革命爆发后，特权阶层被取而代之，艺术也从特权的束缚中解放出来。进入19世纪，像米勒[2]的《拾穗者》这种描写农民生活的名画问世了。杜米埃[3]描绘了生活在社会底层的贫苦农民的生活；现实主义画家库尔贝[4]完成了《碎石工》，蒲鲁东[5]把这幅作品称为"最早的社会主义绘画"，这事广为人知。

随着社会变革的深入，民众地位的不断提高，以及这些先驱者工作带来的影响，社会逐渐进入了以民众为艺术主角的时代。

从这一变革来考察，敦煌艺术一方面是为统治阶级和富人所作；另一方面，也反映出无名画家自身的生活和憧憬，淋漓尽致地表现出民众的生活。我很希望大家能注意到这些作品中的大众性。

听说，常先生在学生时代也信奉"为艺术而艺术"[6]的信条，看到了敦煌莫高窟的遗产之后，被这些作品的大众性所感动，自己的艺

---

[1] 弗美尔（Jan Vermeer，1632—1675）：荷兰风俗画家。作品多描写荷兰小城市的资产者悠闲安逸的日常生活；人物与室内陈设结合巧妙，善于用色彩表现空间感、质量及光的效果。作品有《看信的女人》《倒牛奶的女人》等。

[2] 米勒（Jean François Millet，1814—1875）：法国画家。他的作品以表现农民生活而著称，代表作有《拾穗者》《晚钟》等。

[3] 杜米埃（Honoré Daumier，1808—1879）：法国画家。他的作品多反映下层社会的平民生活，著名作品有《洗衣妇》《三等车厢》等。

[4] 库尔贝（Gustave Courbet，1819—1877）：法国画家。他的作品多描写贫苦平民的生活，作品有《碎石工》《筛谷的妇女》等。

[5] 蒲鲁东（Pierre Joseph Proudhon，1809—1865）：法国社会学家，无政府主义创始人之一。

[6] "为艺术而艺术"：它强调艺术的纯粹性，只为本身之美而存在，而不依附于外部条件。法国作家戈蒂埃首倡此说，法国诗人波德莱尔和英国作家王尔德也坚持这种观点。

105

术观也发生了很大变化。

常书鸿：的确，在学习绘画时，我有过"为艺术而艺术"的想法。那时，法国艺术界也没有重视平民艺术的传统。但是，到了敦煌之后被平民艺术深深地感动了。我想到，艺术应该为大众服务。而且我相信，敦煌艺术是平民为平民创作的艺术。自此之后，我感到艺术创造必须为民众服务。因此，在作品中表现自己的思想和理想，奉献给民众，为民众做出自己的贡献，是一件非常重要的事情。

池　田：您刚才的话有千钧之重。先生的话是经过了实践验证的，我深为钦佩。过去，萨特[1]曾问道："对于千百万处于饥饿状态的孩子来说，文学到底有什么意义？"他所提的这个问题非常尖锐，涉及包括文学在内的艺术和民众、艺术和现实人生之间的关系。艺术究竟如何为社会和民众服务，该问题正好反映了"艺术是为人生的"这一主张。当然，还有另一种主张，那就是"为艺术而艺术"，以文学家王尔德[2]和波德莱尔[3]为代表的一派都主张"艺术只是为了艺术本身而创作的"。

---

[1] 萨特（Jean-Paul Sartre，1905—1980）：法国作家、哲学家，存在主义主要代表之一。他强调"存在先于本质"，人生的课题是"选择"，而这种选择是"绝对自由"的。他的代表作有《存在与虚无》《苍蝇》等。

[2] 王尔德（Oscar Wilde，1854—1900）：英国小说家、诗人，主张"为艺术而艺术"。主要作品有《快乐王子》《温德米尔夫人的扇子》等。

[3] 波德莱尔（Charles Baudelaire，1821—1867）：法国诗人。他最重要的作品是诗集《恶之花》，描写病态心理，充满悲观厌世情绪。他的作品开象征主义之先河，对现代派艺术影响甚大。他也是"为艺术而艺术"这一主张的倡导者。其他著作还有《巴黎的忧郁》《人为的天堂》等。

这些令人费解的艺术理论可以暂且不论，但是，我们不能忘记艺术的精髓在于升华民众的心灵这一点。因此，只有回到"为了什么"这个出发点，它才能发挥更大的价值。从这个意义上讲，我对先生说的"艺术必须为民众服务"深有共鸣。

我想问一下，在先生心中，民众与艺术相连的中心点是什么呢？

常书鸿：我热爱民众。民众拥有创造力和克服重重困难的力量。对我来说，这个中心点就是通过艺术来表现对民众和艺术发自内心的炽热感情。

艺术的作用与评价

池　田： 接下来，我想在这里谈一下艺术作品的价值难以评定的问题。今天被广泛认定是杰出的艺术作品，在创作之初往往不被人们接受，有时甚至成为人们讥笑的对象。罗浮宫美术馆收藏的作品有不少便是如此。

印象派[1]的画家也大都如此，经常可以看到那些在美术史上从事先驱工作的人们，因怀才不遇而结束一生的情形。在近代艺术史上，许多生前默默无闻的人却留下了创造性的作品。装点古代艺术史的工作，也是由那些连名字都没留下的匠人创造完成的。敦煌艺术的画家们便是如此。

---

[1] 印象派：19世纪下半叶在法国兴起的一个画派。这一名称是由1874年该派成员举办画展时，批评家对莫奈所作《日出印象》一画加以嘲笑而来。该派发挥光色原理，加强绘画的表现力，对欧洲绘画技法的革新有很大影响。代表画家有莫奈、毕沙罗、西斯莱、雷诺阿等。

常书鸿：现在，大多数人看画时首先是看"谁"画的，而作品"给人的感动、给人的作用"却少有人问津。明白作者是"谁"之后，接下来就看那人是不是名人，也就是说，把画当成了商品。但是古代的艺术却不是商品的艺术，古代的作品是为了给人以感动才创作的。

我认为判断一件作品的关键在于它给人的感动是强还是弱，不能通过是"谁"创作的以及那个画家的名气如何来判断。当然，这当中有自己喜欢的画家，也有自己不喜欢的。但我想绝不能以好恶为判断基准，而是需要一种带有普遍性的价值观。

池　田：刚才先生指出的绘画商品化是件非常重要的事情，这不仅限于绘画。这种做法忽略了根本的一点，即对于艺术来讲，什么才是最重要的问题。

无论我们周围的事物多美好，只要自己的眼睛蒙上了云雾，就会什么也看不清。也就是说，自然界的花、草、树木、动物，大自然的景物，或者是人们的姿态、人类创造的事物，怎样去感受它、把握它，都取决于一个人内心的投影。心灵真的是极其微妙，又是决定一切的不可思议的存在。

本来认为是美丽的景色，但在苦恼、悲伤时，却感觉不到它的美。大病初愈的人看到之前很熟悉的风景时，却感到耳目一新。在珍惜生命、努力生存下去这种自觉意识之下，对映入眼帘的风景，他们会发现平常注意不到的美。相反，自己曾经认为美的东西，在心灵空虚时会觉得它是那么无聊，毫无价值。

因此，美好感情的发现不仅靠人的感性，也因环境、境遇以及精神状况的不同而有所差异。我认为对美术作品的感受也是这样的情形。艺术家把自己关注的事物、感受的情思、想表达的东西创造成有形的实体，这样创造出来的艺术反映出创造者的人性、感性、所处的环境和境遇。

最重要的是，在我们的时代，如果没有宏大的精神，就想孕育创造伟大艺术的丰饶土壤，几乎是不可能的。

先生刚才说到，有些作品单纯是为了获得物质报酬而创作出来的。在艰难的环境中，他们从墙壁到洞顶描出画像，创作了塑像群，留下了巨大的敦煌艺术宝库。这是因为，他们扎根于信仰，专心致志地工作，把永恒的祈求、幸福的憧憬都融进了艰苦的创作中。

我认为应当珍惜敦煌艺术。这是因为，在远离文化中心的地方，无数默默无闻的艺术家留下了繁富的作品，其中有不少具有真实价值的珍贵作品。同时，在以战争和政治为中心的历史上，在阳光照不到的沙漠之角，那些无名画家们兢兢业业、辛苦工作，完成了美与文化的创造，对此我深有感触。

相对于大自然中的美丽世界，艺术作品是靠人的力量创造出来的美丽世界。在丝绸之路上，他们创造出美的空间。她通过作品，给生活在今日世界上的人以启示。她仿佛用一颗温柔的心提醒我们，让我们珍爱这些从远处传来的美的光彩。

对于艺术作品的评价是这样，古今东西、其他领域的事物也都如此。真正的价值不被承认，先驱性的工作经常受到批判中伤，这样的事情层出不穷。我曾把这个历史教训以《迫害与人生》为题在创价大学讲演过。

看一下那些在历史上留下伟大足迹的人们的生活道路，我希望青年拥有一双洞察事物本质的眼睛,并且,能在今后的人生旅途中坚韧不拔、自强不息,让这场演讲成为他们的精神食粮。

在这些人物中,我想谈一下中国古代楚国的诗人屈原。我非常喜欢他说的一句话:"亦余心之所善兮,虽九死其犹未悔。"

常书鸿:屈原也是我尊敬的一位诗人。

池　田:屈原因国君听从佞臣的谗言而被流放。他留下了一首离忧恨绝诗。"屈心而抑志兮,忍尤而攘诟。伏清白以死直兮,固前圣之所厚。"(见屈原《离骚》)从这个意义上说,司马迁也是令人无法忘怀的人物。他为了实现自己的志向,忍受了所有的屈辱生活下去,给后人留下了《史记》这部伟大的作品。

在绘画方面,我该多向常先生请教。(笑)塞尚[1]就像马蒂斯[2]所歌颂的:"塞尚是我们所有人的导师。"塞尚作为"现代绘画之父"在历史上留下了伟大的足迹。然而,他的一生是在世人的不解、嘲笑甚至侮辱中度过的。

在第一次印象派的画展中,他展出的那幅作品曾被讥讽为"错乱涂抹的狂人之画",《维克多·肖凯的肖像》曾被批评为"疯子画疯子的画",但是他依旧顽强地坚持自己的信念,为美术史写下了不朽

---

[1] 塞尚(Paul Cézanne,1839—1906):法国画家,后期印象派的代表人物。毕生追求表现形式,对运用色彩、造型有新的创造,被称为"现代绘画之父"。作品有《果盘》《玩纸牌者》等。

[2] 马蒂斯(Henri Matisse,1869—1954):法国画家,野兽派的代表人物。作品吸取波斯绘画、东方民间艺术的表现手法,形成"综合的单纯化"画风,曾提出"纯粹绘画"的主张。作品有《白羽毛》《爱看书的女人》等。

的一页。

此外，从列宁、甘地[1]的一生来看，我们可以发现：只有经过苦难，人生才能从黑夜走向黎明，才能从混沌走向秩序。人生只有在苦难中才会放出耀眼的光芒。

我早就听说许多人在"文化大革命"中经历了各种各样的磨难。我想这些灵魂受到磨炼的人们如果开拓了新的创作之路，必定会给艺术世界带来优秀的成果。

常先生正是在苦难中开拓了自己的道路。请问常先生度过这些苦难的原动力是什么？

常书鸿：我当时出国留学，无非是想出人头地、光宗耀祖。到法国后，我的认识逐渐变化，最后发生了从为个人到为民族、为国家的意识革命。

在敦煌期间，受到民族意识和佛教的影响，我产生了一种使命感。"敦煌艺术是中国的传统文化，舍命也得保护它，不管有多少困难都必须克服。"这种使命感使我度过了所有的艰难困苦。后来周恩来总理给了我许多保护。

困难时期，像给我国人民带来严重灾难的"文化大革命"，是无法用三言两语说清楚的。在这期间，我受到多少迫害，受到怎样的侮辱，我和我的家人又是怎样渡过难关的，需要很长时间才能说完。这个问题我就讲到这里吧。

---

[1] 甘地（Mohandas Karamchand Gandhi，1869—1948）："圣雄"甘地，印度民族运动领袖。曾长期领导印度国大党，倡导"非暴力不合作运动"，反对英国殖民统治。1948年被印度教极端分子刺死。

自从在巴黎看到伯希和的《敦煌千佛洞》，我的命运便与敦煌紧紧地联系在一起了。从那以后的半个世纪里，我尝尽了一家离散、横遭迫害的苦酒。

不过，到了人生的最后阶段，我想可以这样说："到目前为止，我的人生选择没有错。"没有一件让我感到后悔的事。

只是这半个世纪过得太快了，敦煌研究和保护还有那么多事情需要做！

池田先生曾问过我："如果来生再到人世，你将选择什么职业呢？"我不是佛教徒，不相信"转生"。不过，如果真的再一次托生为人，我将还是"常书鸿"。我要去完成那些尚未做完的工作。

池　田：太伟大了！常先生，那么请问，中国近代美术史分为哪几个阶段呢？

常书鸿：从清末到现在，中国近代美术史大概可以分为六个阶段。第一阶段是清朝末期。政府向西洋派遣留学生学习西洋画技术，他们回国后在宫廷内留下了西太后肖像画之类的作品。

第二阶段是1930年前后，以徐悲鸿先生为中心的我们这批青年画家留学海外，把西洋的绘画技术带回了中国。这些人大都在20世纪30年代回到了中国，执教于国立艺术专科学校。我便是其中之一。当时，我教的是西洋画。中国画是以齐白石先生为中心进行的。我们当时同在一所学校为中国画和西洋画的发展与普及做出自己的努力。抗日战争时期我在重庆，但我仍然进行美术创作和研究工作。

第三阶段是新中国成立后。当时，美术虽然得到了发展，但在外国美术方面，苏联美术较法国美术更受重视。特别是徐悲鸿先生逝世后，这种倾向更加严重。在中国水墨画方面，以继承过去的传统为重点，几乎看不到什么革新艺术。与中国革命博物馆、历史博物馆、人民大会堂的建设相配合，中国美术界出现了大量的作品。这段时间是美术创作的高涨时期。

第四阶段是"文化大革命"期间。这是一个灾难的年代，因为政治原因不得不创作一些特殊的作品。

第五阶段是"文化大革命"后。1978年初举办的"法国十九世纪农村风景画展"，在中国美术界引起了很大的反响。那次展出，我们第一次系统地从古代到现代把法国名画介绍给大家。从那以后，中国美术界又开始注目于西洋的美术。

第六阶段是现在这个开放的时代。世界各地众多的美术资料都被介绍到中国，青年画家们到目前为止还没有学习这些艺术的机会，还缺少这方面的实力。年迈的画家们认为青年画家不能令人满意，但是，青年画家们正努力创造出自己的新风格。与中国的政治、经济一样，中国美术界迎来了自己的变革时期。我期待，也相信，他们今后会创作出更优秀、更有深度的作品。

徐悲鸿先生的人格

池　田：我听说常先生曾受到现代中国绘画大师徐悲鸿先生的很大鼓励。

常书鸿：我去敦煌，徐先生赠我"不入虎穴，焉得虎子"这句话。"如果真的想认识敦煌，真的想认识中国古代文明的话，那么除了自己去敦煌，再无别路可走。"他激励我说，"像唐玄奘三藏法师那样带着苦行僧的精神，去保护敦煌的民族艺术宝库，去整理它、研究它，坚持到最后！"

另外，我在重庆举办个人画展时，他曾特地给我写了序：

　　油绘之入中国，不佞曾与其劳。而其争盟艺坛，蔚为大观，尤在近七八年来，盖其间英才辈出。在留学国，目灿艺事之衰微；在祖国，则复兴之期待迫切。于是素有抱负，而生怀异秉之士，莫不挺身而起，共襄大业。常书鸿先生亦其中之一，而艺坛之雄也。常先生留学巴黎近十年，师新古典主义大师劳朗斯先生，归国之前，曾集合所作，展览于巴黎。吾友干米叶·莫葛蕾先生曾为文张之。莫葛蕾先生，乃今日世界最大文艺批评家，不轻易以一字许人者也。法京国立外国美术馆用是购藏陈列常先生作品，此为国人在国外文化界所得之异数也。常先生工作既勤，作品亦随时随地为人争致，难以集合。兹将有西北之行，故以最新所作，各类油绘人物风景静物之属，凡四十余幅问世，类皆精品。抗战以还，陪都人士，雅增文物之好。常先生此展，必将一新耳目也。

壬午中秋 无月 悲鸿序

我去敦煌时，徐先生赠我一幅《五鸡图》。

池 田：就像"现代中国绘画自徐悲鸿始"所言，他的足迹是那样伟大，他在中国绘画史上留下了辉煌的功绩。同时，我们也知道他拥有高尚的人格。

真正的一流艺术家，他的人格也闪耀着光辉。而且，他们那历经磨炼的人格使艺术变得更有深度。这是我见到许多优秀艺术家后的真切感受。

徐悲鸿先生对后辈的体贴之心，洋溢着对有志于美术世界的同志们的深切关怀。也正是因为有这样的人，才使常先生绘画的价值、美感和志向在我心镜上清晰地映出。前辈如果都能这样亲切关怀后辈的话，未来一定会更丰富多彩、更辉煌。

在东西方绘画的融合上，徐悲鸿先生做出了巨大贡献。

德拉克洛瓦的艺术

池　田：时至20世纪的最后10年，我想常先生在大半个世纪中与敦煌这座丝绸之路的美丽宝库同生存，对艺术肯定会有不少的想法，诸如艺术的过去、现在以至未来，东西方文化的发展交流等，我想听一下常先生的感想。

常书鸿：谢谢。我非常高兴能与池田先生谈一谈这方面的问题。

池　田：我读过先生所著的《敦煌的风铎》，了解到从1927年您留学法国开始，有长达10年的时间一直埋头于希腊、罗马的美术史和美术理论的研究，先生非常喜爱文艺复兴时期和近代美术的杰作。特别是您说您深为19世纪浪漫主义画派[1]的代表画家德拉克洛

---

[1] 浪漫主义画派：19世纪初叶，兴起于法国的一个艺术画派。这一画派摆脱了当时学院派和古典主义的羁绊，偏重于发挥艺术家自己的想象和创造。创作题材多取自现实生活、中世纪传说和文学名著。

瓦[1]所折服。

当时，随着自然科学的发展，人们开始探索新的人生观、价值观。在艺术界，一些画家主张变革过去一成不变的陈旧观念。那是一个人们探求如何观察、如何表达，人的个性得到解放的时代。

常书鸿：我在法国学习的时候，不喜欢法国后期印象派。我喜欢新现实主义。我的老师是新现实主义派。当时，我极其重视描绘静物、人物的现实主义。

我在油画中运用了中国画的线条。中国画的线条是非常精彩的，特别是顾恺之的画，其线条特征尤其精妙绝伦。他的画色彩也很丰富。

池　田：我见到现代中国著名画家董寿平[2]先生时，他说："西洋绘画重视光和质感，而东方绘画有重视运笔、线条的倾向。"并且当时董先生说："200年或300年后，人类肯定会回忆起东方的精神。"我深为他的愿望所动心。

常先生年轻时在罗浮宫的美术馆为《希阿岛的屠杀》所感动。塞尚曾称德拉克洛瓦为法国最大的画家。他说："无论静寂的悲剧作品，还是跳跃的喜剧作品，没有人能够像德拉克洛瓦那样使用色彩。我们都是通过他来学习绘画的。"

---

[1] 德拉克洛瓦（Eugène Delacroix，1798—1863）：法国画家。浪漫主义画派的代表人物之一。他的画风特点是构图重气势，色彩绚烂，强调对比关系，重视人物情感和动态的描绘。作品有《希阿岛的屠杀》《但丁和维吉尔在地狱里》等。

[2] 董寿平（1904—1997）：山西洪洞人。中国书画家，善诗文、书法，尤长绘画。他的书画作品，笔酣墨饱，浑厚苍劲，别开新貌。精书画、金石鉴赏，对画论、画史亦有精辟见解。

但是，德拉克洛瓦在 20 多岁时送进沙龙的这幅作品却为画坛所不屑，被讥讽为"绘画的屠杀"，受到当时画坛的批判。

他用丰富的感情和高涨的热情去看当时的社会事件，并戏剧性地加以描绘，具有鲜明的个性。他的作风与新世界的出现相吻合，由此提高了他作品的魅力。

他那幅有名的《屹立在米索伦基废墟上的希腊》被收藏于勃拉多美术馆，我们在东京富士美术馆的开馆纪念展"近代法国绘画展"中展出了这幅作品。他的这幅以希腊独立战争为题材的、带有东方情调的作品给人留下了深刻的印象。

他出生于巴黎近郊塞纳河边的一座小镇。怀着对北方世界的憧憬，他 34 岁时用了半年多时间游历了西班牙、摩洛哥、阿尔及利亚等国家。这次旅行更加丰富了他的艺术内涵。

在他那厚厚的 7 册写生画稿近 500 幅作品中，我们不难看出，与法国风情迥然不同的地中海明亮的阳光和异国风情，在多大程度上刺激了他的创造性，给他带来多么深刻的影响！

在与异国文化的撞击中，在与崭新世界的相逢中，他的感性世界得以大大扩展，使他开创出独特的艺术风格。

常书鸿：对，德拉克洛瓦受到东方世界的影响，鲁奥[1]也吸收了东方艺术形成自己的风格。我相信中国必定会有东西方艺术融合的那一天。我确信中国画坛肯定会出现像东山魁夷先生、加山又造先

---

[1] 鲁奥（Georges Rouault，1871—1958）：法国画家。坚持使用浓重的黑色轮廓线以及点点发亮的蓝、红、绿、黄色，产生近似中世纪彩色玻璃技法的效果。他的画既有野兽派的风格，又有传统特色。代表作有《年幼的耶稣与博士》等。

生[1]那样实际进行文化交流的画家。

池　田：加山又造先生以中国唐代艺术大举进入日本的7世纪为界，把日本绘画史划分为7世纪以前的古代，和从7世纪到16世纪室町时代末为止的近代两个部分。

他说："日本文化起源于外来文化。从宏观上来看，无论古代也好、近代也好，日本文化只不过是中国文明圈的一个地方文化而已。"（《现代日本画全集》第17卷，集英社）

在占绝对优势的中国文化影响下，日本的本土文化开始萌芽、成长。我深为日本与贵国之间的缘分而感慨。

不过，法国的路奈·尤伊古曾说："西洋美术、印象派及世纪末美术都是在与东方文化的碰撞中改变了原来的风格。"我衷心期待在中国传统文化的丰饶土壤上，东西方的文化交流进一步发展，使21世纪的艺术更加丰富多彩。

常书鸿：绘画必须吸收新鲜的东西，不断丰富自己，从敦煌壁画中就可以了解到这一点。那里既有中国独自的风格，也受到外国的影响。有许多地方是受到外来影响才创造出自己绚丽多姿的文化的，唐代文化便是一例。我想过去日本的绘画也是引进中国艺术之后才形成并发展起来的。

---

[1] 东山魁夷（1908—1999）：日本画家。善作日本、中国四季变化的自然风光，是国际上比较活跃的画家之一。
　　加山又造（1927—2004）：日本画家。现代日本画代表人物之一，长于工笔人物，曾在日本全国艺术大赛中获奖。

敦煌壁画与鲁奥的艺术

池　田：在敦煌的绘画中，是不是有一些看起来像鲁奥的作品？

常书鸿：在敦煌壁画中，从北魏时期（386—534）的壁画上可以看到这些特征。北魏民族的性格兼有粗犷和细腻的双重特征，这种性格在北魏时代的敦煌绘画中得到了很好的反映。

这种性格反映在作品上，有的技法很大胆，有的绘制却非常精致。一开始描的时候很大胆，但作品完成时却又出奇的纤细。唐代的壁画中找不到这类作品。因此，可以说早期的壁画具有鲁奥绘画的风格。

到了日本，看到鲁奥的美术作品后，我的思想发生了巨大的变化。从事美术事业以来，我受到鲁奥的巨大影响。我认为他的画里有一种新的表现方法，是现代画中的新视点和表现点。西洋艺术在我们东方人看来有许多可以学习的东西。我对他的创造性思考有很大的兴趣。

池　田：鲁奥的作品在 20 世纪前半期的绘画世界，绽放出独特的光芒。他曾说："实际上，美的东西总是隐藏着的，到现在为止一直是这样。必须坚韧不拔地去探求它、发现它，抱有至死方休的决心。从事这种事业的人或许总是苦恼，然而同时不也拥有深刻的、静谧的喜悦吗？"［《现代世界美术全集》（八），河出书房新社］他描绘出了人间丑恶的姿态及贫民区人们的生活，其作品在一般意义上说是不能称为美的，然而他却赤裸裸地用激烈的笔调画出了贫穷、不安和生存的苦难。

1948 年，他的一幅作品的主题给我留下了深刻的印象。当时，他已近八十高龄。3 年前他的功绩在纽约近代美术馆举办的大型回顾展中得到广泛赞誉。但是，这幅作品画的是人在台上吊死的场面。在这幅作品上他写道："人对人是狼。"在描绘出人们的丑恶、现实的各种不幸和贫穷的同时，他在深层世界里也着力表现出灵魂的高贵与静谧。

他的画与敦煌壁画的相似之处在于大胆的表现手法，而且在精神世界中通过绘画来探求人性。鲁奥说："我因绘画而感到非常幸福。我热爱绘画，因此，无论我生活在多么黑暗的世界里，我都会把一切忘掉。评论家因为我作品的主题是悲剧而不屑一顾，但是欢喜并不一定没有存在于作品的主题里。"（《现代世界美术全集》）

描绘悲剧的主题时，通过表现悲剧人物的苦恼，忘掉自己的苦恼而产生欢喜。他与在暗黑的洞窟中不顾生活贫苦从事敦煌艺术创作的人，大概在心境上是相通的。

鲁奥与这些无名画家们，无论在根本精神上有多少差异，在表现人的灵魂和因创造而感到欢喜方面都是一致的。

"人对人是狼"所描绘的现实世界和与此相对的平静的精神世界,它们之间相通的支点在于对永恒和美的探求。

东山魁夷的足迹

池　田：优秀的艺术是人类共同的财富。作为民众之魂的升华，艺术在超越国界的同时，也一定会绽放出更灿烂的光芒。

在日本的绘画中，横山大观等人经过长久的苦闷，把西洋绘画的世界观引到日本绘画中来，走上了绘画革新的道路。现在，东山魁夷画师、杉山宁画师的作品本质上虽然属于日本画，但他们却用清新的手法把西洋画的要素应用到自己的作品中，开拓出一个独特的世界。

与此同时，纵观近代绘画史上的"影响关系"，日本并不是单方面受到西洋的影响。19世纪的西方，以法国为中心，也曾受到日本美术的影响。例如俵屋宗达、葛饰北斋、歌川广重等对马奈、莫奈、格罗、德加[1]等人的影响，细加探求会有十分重要的意义。

---

[1] 马奈（Edouard Manet，1832—1883）：法国画家。著名作品有《左拉像》等。

　　莫奈（Claude Monet，1840—1926）：法国画家，印象画派的创始人之一。著名作品有《睡莲》等。

　　格罗（Antoine Jean Gros，1771—1836）：法国画家。著名作品有《拿破仑在埃劳战场》等。

　　德加（Edgar Degas，1834—1917）：法国画家。著名作品有《预演》等。

从北斋那里受到浮世绘画影响的德加听说一名日本人进入巴黎国立美术学校学习，大吃一惊："身为一名日本人已经够幸运的了，为什么还要跑到塞纳河边的学校去听课呢？"

常书鸿：或许在日本有人认为东山魁夷先生、杉山宁先生的绘画中有很强的西洋画因素，但在我们外国人看来，这仍是日本画，仍然飘溢着日本的风味。

池　田：东山画师最近同意将他的作品用作我的著作《我的人学》的封面，我感到十分荣幸。

说起东方和西洋，东山画师年轻时曾留学柏林。只不过自此之后，从他走的路和创作的作品中已很难分清东西的界限了。我想，这是因为他一直在关注美和永恒的事物，一心一意地为此前进吧。

他的作品中有一种清澈明亮的美，即使在一片银白色的世界里，也有活灵灵的生命在跳动。甚至他画的冬季枯树，都有一种生命的存在感。在著名作品《残照》里，遥遥相连的山峰与山谷重叠，让人感到静寂伟大的生命的存在。画师接触西洋艺术后，又重新回到了幽深的东方精神世界。

常书鸿：从这些事情来看，今后中国画坛的发展，西洋画风格与中国画风格相融合是完全可能的。敦煌艺术便是最好的证明。敦煌艺术是中国传统艺术受外国文化影响后诞生的一种新艺术。

现在，世界上的文化交流日益广泛。中国青年画家吸收外国的东西，创造出新的艺术，为美术史留下有价值的作品，是完全可能的。

我期待不久的将来，新型中国画会诞生。那或许是敦煌画派的复活。到那时，我 40 余年来一直期待的能够产生敦煌画派的梦想便会成为现实。由此，我便心满意足了。

池　田：先生已经播下了种子，我想它一定会跟随时代成长、壮大起来。

平山郁夫的画业

池　田：先生认为日本画家给您印象最深的是哪位呢？

常书鸿：平山郁夫先生[1]。1957年我认识了平山先生。我因出席在东京举办的"敦煌艺术展"到日本，访问了东京艺术大学。那时，平山先生大概是助教，他把自己的画拿给我看。平山先生非常热心地研究了奈良时代的唐代艺术。唐代艺术与敦煌关系密切。

1979年，我们在敦煌接待了平山先生和美知子夫人。我的妻子李承仙和两个孩子陪同他们参观了阳关和月牙泉。在与平山先生的接触中，他对绘画的认真态度令我深为敬佩。他在仅有的几天时间里参观、临摹，留下了120幅写生作品。

1979年10月末，我们访问东京艺术大学时，平山先生特地从镰

---

[1] 平山郁夫（1930—2009）：日本著名画家。曾任东京艺术大学校长。对佛教艺术史有较精深的研究，是日本艺术界致力于敦煌研究与保护的友人之一。

仓的家中把自己的画带给我看。那时，他宴请了我们，最后上桌的是冰激凌炸虾。当时，他谈艺术正起劲，却没有留意冰激凌已经化开了，结果炸虾也没吃成。（笑）

我感到平山先生的画中有一种宗教信仰式的虔敬与真诚，有一种心灵的静谧。我从平山先生那里听到了他在广岛原子弹爆炸后的体验。我想大概他是经历了那次大劫后产生了宗教之心，有了安宁的精神。

池　田：我也曾见过平山画师，感觉很好。我的著作《无法忘记的会见》《话说敦煌》《四季雁书》的封面和插图，得到了平山先生的大力帮助。平山画师的画里有一种悠远的静谧，例如以《火烧波斯波利斯》为题创作的画中，他把在广岛原子弹爆炸中目击的红莲一样的火焰涂满整个画面。那红红的火焰仿佛要燃烧一切。但是，在那被烈火烧得快要崩塌的宫殿中，我却看到了一种凝视永恒与人之永生的静寂精神。我听说平山画师当时是中学生，在多愁善感的年代里看到如此悲惨的场面，我想这对他的作品肯定产生了深远的影响。

我见到平山先生时，他说："我想抓住一切有根源的东西，我想了解它们。这些只有靠自己去感受才能得到。"他还说，无论是宗教还是文化，都来源于"生命的大地"。

从《火烧波斯波利斯》这幅作品中可以看到，极尽荣华的帝王宫殿说不定什么时候也会被毁掉，而对悠久历史的反思、对和平的祈祷和对永恒的憧憬，却留在那些历经时代变迁、坚持生存下去的人们的眼神里。

画师的《敦煌》也具有这种特征，是一幅出色的作品。从鸣沙山到地平线，茫茫的大漠一望无际。沙漠中，有一片神奇的绿洲。在这里，莫高窟威严耸立。看到这幅画，我感到，人在悠久的历史与浩茫的大自然中，是何等的渺小！然而，我又对生活在那里创造历史的人们有一种崇敬之情。我想这种心情，是敦煌那些无名的美的创造者与探求者所共有的吧！

第五章

万代友好的纽带

日本文化的源流

常书鸿：1958年，因敦煌展览访问日本时，日本的考古学家原田淑人先生曾明确指出："敦煌是日本艺术之根。"我想具体了解一下丝绸之路与日本文化的关系。

池　田：日本文化不但在艺术方面，在其他许多领域也都受到中国文化的巨大影响。而通过丝绸之路，印度、波斯文化也传入日本。看一下敦煌的文物，便可以感觉到这些也都与日本文化有密切的关系。

平山郁夫先生在其画文集（《从西到东》，日本经济新闻社）中曾指出：在敦煌第220窟中发现的3尊菩萨像的模样与法隆寺金堂6号壁画的画法近似，因此我认为，我遇到了日本美术的源流。

常书鸿：对，是这样。

池　田：看一下从 4 世纪末到 7 世纪的古坟文化的殉葬品，我们便能发现许多是从亚洲北方传入的物品。从 7 世纪开始的遣隋使、遣唐使[1]制度，使得日本通过中国，吸收了大量从丝绸之路传来的文化。

遣隋使、遣唐使的成员有木匠和医师，大多数则是留学僧和留学生，他们留在洛阳和长安，抄写了庞大的佛典，然后把它们带回日本。在众多的佛典中，有像《法华经》那样的大乘经典和论书，若溯其渊源，便可以发现这些佛典都是经由丝绸之路传来的，这一点是毫无异议的。同时，被称为"丝绸之路终点站"的奈良正仓院中收藏的珍宝、艺术品等都是由中国传来的。其中也有来自伊朗方面的艺术品。

在法隆寺玉虫厨子上的《舍身饲虎图》，也被认为与敦煌莫高窟第 428 窟的《萨埵那太子本生图》如出一辙。日常生活中，从黄瓜、葡萄等食物到语言、习惯，我们都可以找到许多从丝绸之路传来的东西。

近几年，NHK 电视台有关丝绸之路的节目逐渐增多，使人们对丝绸之路感觉很亲切，因此关心敦煌的人越来越多。

常书鸿：井上靖先生的小说《敦煌》被拍成电影之后，日本的"敦煌热"逐渐兴起，我想，这在中日文化交流史上是一件非常精彩的事情，真让人高兴。

---

[1] 遣隋使、遣唐使：中国隋朝、唐朝时日本派遣至中国的使者，其中有大使、留学生、留学僧及随员等，一次往往会有数百人，他们为促进中日友好交流做出了贡献。

我认为，"敦煌热"的出现并非偶然。中日两个民族起先都是在同一文化环境下繁育、生长起来的，敦煌成为中日两国人民友谊的联结地。我确信，它会加深我们之间的友好关系。

池　田：从敦煌的历史文物可以清晰地看到，丝绸之路作为佛教传入的必经地，是古代中外文化交流的纽带。日本也从其中受到了很大的文化恩惠。

关于日本文化的源流问题，有许多不同的说法。有一说法，认为日本民族是从南方的"海道"北上而来；另一说法，认为是从亚洲北方经由朝鲜半岛而来。众说纷纭，莫衷一是。

这里值得一提的是江上波夫（东京大学名誉教授）有名的"骑马民族征服说"。他认为东北亚系的骑马民族经由朝鲜半岛进入日本而建立了国家。这是一个非常有说服力的说法。

寻求日本文化的源流，如语言、生活、习惯诸方面，其中有许多可以在南方找到根源。也有人认为这是从中国的江南地区和云南地区传来的。但从考古学、语言学的角度来看，日本受朝鲜半岛的影响也很大。

形成统一国家后的日本，以中国作为政治、文化的模范，引进中国的制度和文化。儒教、书画等对日本文化也产生了巨大的影响，其中汉译后的佛教经典对日本文化的形成所起的作用则更大。佛教艺术成为日本艺术文化的基础的同时，也成为人们精神文化的中心轴。许多被称为古代、中世纪日本艺术之宝的作品，都是佛教艺术品。

但是，明治维新以后国家主义抬头，佛教受到了弹压。特别是在对外侵略的军国主义道路上，国家神道拥有巨大的力量，佛教文化曾一度消失。

因军国主义权力的蛮横弹压，创价学会的初任会长牧口常三郎被捕入狱，第二任会长户田城圣也在监狱中度过了两年，那是一个极为特殊的时代。

因此，曾经在敦煌开出绚烂的花朵、丰富了中国和日本文化的佛家文化，在军国主义时代就像在沙漠中消失的河流一样在我们的视野中消失了。但是，展望21世纪的今天，许多西欧学者都在注视着新佛教文化的复兴。

从印度开始发源的佛教文化之河，在流向中国、日本的时候滋润了那个时代。我们看到以佛教为基调的和平与文化运动，对亚洲以及世界的安定和繁荣做贡献的时代已经到来。

在民众与民众之间架设心的桥梁

常书鸿：关于创价学会，我有许多问题要请教先生。首先，先生能否就创价学会的方针、目的等，简单地介绍一下呢？

池　田：一言以蔽之，就是以佛教生命哲理本源之光照亮"人"，创造出"和平价值""文化价值""人生价值"。也就是说，是一个以每个人不断进行人性变革为基轴，为实现和平而不断努力的团体。

常书鸿：创价学会是一个佛教团体。那么，与反战、和平运动相关联的地方，又有哪些呢？

池　田：先生可能认为佛教本来是给那些身陷烦恼的人们心灵内在的安慰，以此来解救他们。也就是说，您认为佛教在广义上是"个人主义"的宗教，是吧？

不过，我所认识的真实的佛教，是从阐述慈悲和生命尊严出发的。佛教清楚地告诉我们，人的成长，不能只停留于个人的安逸，而必须与他人同甘共苦，并且通过自己的行为帮助他人强化生存下去的力量。佛教教导我们要积极去变革那些伤害、破坏生命尊严的社会环境。

我们信仰的日莲大圣人佛法，对于"生命的尊严"在深层的人生观、生命观方面都有彻底的说明。例如，日莲大圣人教说："命者，一身第一之珍宝也。虽一日也，若可延，胜于有金千万两。"还说："生命为一切财宝中第一之财宝。经有'遍满三千界，无有直身命'之说，谓虽有遍满三千大千世界之财宝，亦不可抵得生命也。"

在这里可以简单地说，生命本身拥有的绝对价值，是即使用铺满全宇宙的无价之宝都无法替代的。佛法信仰者的使命，就是要建立重视生命尊严的正确思想基石。

并且，为了真正实现生命的尊严价值，社会环境的和平和稳定是不可缺少的。这正如佛法上指出的："失国灭家，又将遁世何处？须知，汝欲求一身安堵，必先祷四表之静谧。"在这里，欲求"一身安堵"，也就是说每个人如果想追求身心安定，首先必须祈祷"四表之静谧"，祈祷环绕个人的环境能安稳、和平，并付诸行动。

出生于印度的佛教始祖释迦牟尼关于生命尊严的理念，从他舍弃王位出家成道，严禁杀伤一切众生的行为中就可以看出来。

而且，释尊晚年的一则故事有力地证明了他思想的本质。

释尊晚年在灵鹫山讲解《法华经》的时候，摩揭陀国王阿阇世[1]想征伐邻国的跋祇族，阿阇世王派大臣巴撒卡拉去灵鹫山找释尊，告诉他关于征伐跋祇族的事。

释尊告诉巴撒卡拉，他曾教给跋祇族"不致衰亡的七种要法"（只要实行这七种要法，国家就不会衰亡），而跋祇族正是因为实行了这七种要法，国家迄今繁荣不衰。释尊还告诉巴撒卡拉与繁荣的跋祇族打仗的坏处。就这样，好战的阿阇世王便打消了去征伐跋祇族的念头。

这个故事清楚地告诉我们：释尊不仅主张对个人内心的救济，而且也教给人们使国家繁荣而不致衰亡的方法。与此同时，他为了实现和平，积极尝试传扬佛教。另外，释尊去世后，摩揭陀国的暴君阿育王[2]在敌视佛教的时候杀死了十几万人，并且侵略各国，扩大了版图。但是，他即位10年后，开始信奉佛教，决心停止侵略别国的行动。

真正可以称得上是"和平宪章"的阿育王石刻法敕，2200多年后的今天在印度、巴基斯坦、阿富汗等地陆续被发现。阿育王石刻的流布，开创了佛教和平思想从东向西传播的文化交流伟业。与之相反，从西向东进行文化交流的马其顿的亚历山大[3]远征则是另一种情形。

---

[1] 阿阇世（Ajātaśatru）：古印度摩揭陀国国王（约前493—前462）。曾征伐邻国，称雄于北部印度。据传，初反对佛教，后皈依佛门，并在王舍城举行佛教第一次结集。

[2] 阿育王（Aśoka）：古印度摩揭陀国孔雀王朝国王（前268—前232）。在位期间曾统一除半岛南端外的印度全境。他曾信奉佛教，封佛教为国教，颁布许多以佛教治国的敕令，对后世佛教的传播有很大影响。

[3] 亚历山大（Alexander the Great，前356—前323）：马其顿国王。在位期间建立了横跨欧亚非大陆的亚历山大帝国。

阿育王和亚历山大大帝两人都在古代东西文化交流方面发挥了很大的作用。很有意思的是，他们的手段却是那么不同。阿育王皈依佛教放弃战争后，把和平的石刻送到各地，致力于推进和平交流；而亚历山大大帝则到处宣扬武力，征伐各国，给被征服的国家带去希腊文化，由此促进了文化的交流。

回到我们的话题。创价学会是以贯穿佛教历史的慈悲思想和生命尊严的理念为基调广泛开展和平、文化、教育运动的团体。

基于这样的和平观，创价学会开展了各种运动。诸如为建构一个没有核武器、没有战争的地球，在联合国举办展览会；采访经历过悲惨战争的人们，将其对和平的向往结集成反战出版物；教育与文化交流也是其中一环。我们认为，现在开展让民众自觉认识到生命尊严的运动尤为必要。

常书鸿：我7次访日印象最深的是1985年参加埼玉县青年和平文化节活动，我深为感动。但不知那样的青年和平文化节活动在日本每年举行几次？同时，它的意义是什么？反响又如何呢？

池　田：我读了常先生当时发表的感想（载于《圣教新闻》1985年10月17日）。先生在那篇文章里把"中国敦煌展"称作是遥远历史的"静之美"，把在文化节中看到的青年的跃动称作是向未来发展的"动之美"，并且巧妙地加以对比。先生有点过奖，我实在是不好意思。

那次在埼玉县举行的文化节活动是1985年在全国各地举办的23场文化节活动中的第14场。因为每年还要举办"核威胁展""世界少男少女绘画展""世界教科书展",还有文化性的演讲会、展览会等各种活动,所以每年举办文化节活动的次数是不一定的。只不过那年正值创价学会创立55周年,应各地会员的要求,因此举办了很多场文化节活动。

无论如何,我们都将继续重视青年们的这种新的和平文化运动。在各地,青年和学生们自发地集结在一起计划、筹备文化节活动,没有主角和配角之分,每个人都是主体。而壮年、妇女、艺术家等会员也给予了有力的支持。我认为,这可以称得上是值得讴歌的"人、和平与文化"的社区庆祝活动。

我们的文化节产生于民众,是由民众创建的。它以弘扬社区文化传统、增添新的志向、加深和扩大"地区发展""人的心理沟通"、"向往和平"为最大目的。对它的反响是多种多样的,多数人都认为参加文化节活动使他们的眼界开阔了。而且,人们看到自己的社区有这么多充满朝气和希望的青年,因此受到很大的鼓舞。

我希望担任未来重担的青年们在用自己的双手创造一个又一个文化运动的过程中,深入地锻炼自己,并将获得的友谊和感动化为动力,进而在各自的领域内取得人生的胜利。

当然,在不同国家,各有不同的内容和特色。不仅在日本,在美国、巴西、秘鲁、新加坡、马来西亚、多米尼加、巴拿马等国家也有不同形式的文化节。在那里,世界各国的青年超越人种、肤色的差异,手拉手向着和平这个共同的目标前进。这是多么美好的情景啊!我认为那里有着堪称地球家族的缩影和人类一体的感觉。

常书鸿:我很钦佩创价学会推进的和平文化运动,特别是在培养青年这方面做出的努力和贡献。青年是世界未来的主人翁，正确引导青年，教他们走正确的人生道路是我们前辈的责任。我认为，池田先生在致力于青年培养的行动上是很有远见的。

池　田：谢谢。我认为这是先生对我们的激励和期待，今后我们会更加努力。

常书鸿：池田先生在许多方面与中国文化艺术界进行了交流，能谈一下这方面的感想和今后的愿望吗？

池　田：我的恩师经常说："中国将在世界历史上发挥极其重要的作用。"他曾强调，民众和民众之间的信赖贯穿于深刻的文化交流之中，这对维持永久的世界和平有着极为重要的意义。因此，我也确信，广泛开展民间交流，是通向巩固世界和平的正确道路。

要加深民众间的友好关系，必须平等地承认不同的文化。我想只有这样，人与人之间深切的共鸣才会产生，信赖感才会萌生。在悠久历史中孕育出优秀文化的贵国，是日本文化的恩人之国。

到今天为止，我们与北京大学、复旦大学、武汉大学开展了教育交流，同时也进行了青年、学者、医生、教育家、妇女间的交流活动，并在富士美术馆等处举行贵国文化财富的展览，民主音乐协会举办中国戏剧、歌舞团等公演。

促进民众之间的交流，在民众与民众之间架设心的桥梁——在迎接21世纪的今天，我认为这些活动能够加强日本和中国之间的友好关系。

文化交流的推进

池　田：在以敦煌艺术为媒介，促进中日友好关系发展的过程中，我们在日本举办了敦煌艺术展。在东京和京都，总计有十几万人参观了展览，这真是一件了不起的事情。对于当时的反响，常先生现在回想起来有什么感想呢？

常书鸿：1958年敦煌艺术在日本首次展出时，中日两国还没有恢复正常的邦交关系。我们是应日本前首相片山哲先生、日中文化交流协会的中岛健藏会长、每日新闻社和高岛屋百货公司的邀请前去的，敦煌艺术展览在高岛屋百货公司和京都的博物馆内举行。东京展览开始是在1957年12月末，记得当时是圣诞节。

敦煌展的代表团成员除了我，还有日文版月刊《人民中国》总编辑康大川、敦煌文物研究所的李承仙，以及对外文化委员会的崔太山等3人。

我们于12月21日到达东京。到达后接到通知，得悉运送展品的船只在来日途中遇到台风，须到 12 月 31 日才能抵达。

为此，日本方面很是着急。因为高岛屋百货公司已将第 8 层的会场空了出来，广告也已贴出，说将在圣诞节开展。如果不按时开展，高岛屋百货公司方面会遭受巨大的损失，没有办法，我们只好将高岛屋 8 层的展览会场先借给了别人。

作为敦煌展览的会场，在 12 月 31 日下午 6 时才给空了出来。我们为了元旦的首次开展做了必要的准备。

展览品是在 12 月 31 日到达东京的，当时大概是正午。随后，我们马上投入了准备工作。从开始到结束，只有半天时间，我们必须在 31 日下午 6 时到深夜零时的 6 个小时内全部准备完毕。那真是一件很困难的事情。

尽管准备工作是在紧张的气氛中进行的，但大家还是愉快地完成了各项工作。当时敦煌艺术展览的准备配置工作的情景，到今天仍然历历在目。

当时我们中日双方的百名工作人员是在李承仙的总指挥下进行作业的。我和李承仙都不懂日语，李承仙预料到这样一个接一个紧密相连的配置作业仅靠一两位翻译是不够的，因此，她在用色彩将各时代加以区分的同时，用 1/20 的缩图明确了所有展品的安放位置。

在开箱后交递、检查展览品的过程中，她马上将安置的壁画在确定好的挂轴上贴好标签。当时没有一个人闲着，并且没有一点喘息的工夫，各种组合工作都是静静地进行的。我们用了 5 个小时 40 分钟完成了整个布置任务。也就是说，我们提前 20 分钟完成了全部展览品的布置准备工作。

我们和日本友人从高岛屋出来，一行 10 人（我们 4 人和日方 6

人）在静寂的大街上并肩走着，然后进入一家小店吃过年荞麦面，当时，正值元旦的钟声遥遥传来。

这时，日本友人才说他们起初真担心李承仙这样一位 30 多岁的妇女无法在短短的 6 个小时内制订计划、指挥行动，并完成这种复杂的展览品安置工作。

接着他们说，中国的妇女真是了不起啊！这里，还有一件令人难以忘怀的事情。当时举办敦煌艺术展览会的时候，参观者特别多，人们在门前摆起了一字长蛇阵，有时需要等上两个小时才能买到票入场。日本友人告诉我，敦煌艺术展用的这个会场以前曾举办过美国摄影展，那时吹口哨、起哄的什么都有，整个会场嘈杂万分。可这次敦煌艺术展览会非常安静，只能听到会场内人们移动时在地板上发出的嚓嚓脚步声。

并且，有一位年长的老教授来排队看展览，排在前面的一个年轻学生将自己的位置让给老教授，请他先入场，而自己却再一次排队，等两个小时去看展览。一位年老的日本友人这样说："敦煌艺术展览给我们带来了文明（礼节）。"

池　田：通过文化财富、艺术品的展出来介绍各国的文化，具有很大的意义。我也正是基于良好的文化交流使得人们能够相互理解和信赖，才努力从事这些活动至今天的，并且还创立了美术馆。

其一是静冈县的富士美术馆，它是于 1973 年建成的。1975 年，我们在这里举办过"鲁迅和中国版画展"，展出了因鲁迅指导的版画运动而产生的木版画和有关鲁迅的各种资料等，约 400 件。同年，举办了苏联特列嘉柯夫美术馆、普希金美术馆的名画展览。1983 年举办了"现代中国书画展",同年秋天,东京的富士美术馆开馆。

作为开馆纪念展览,我们举办了"近代法国绘画展",展出了罗浮宫等法国八大美术馆所藏的作品。人们欣赏了库尔贝的《蒲鲁东肖像》、格罗的《拿破仑在阿尔科》,还有德拉克洛瓦、华托、弗拉戈纳尔[1]等大家的名作。我想在这里展出的可能有常先生青年时代在法国见到过的值得纪念的作品。

1985年举办了"中国敦煌展";1987年正值中日两国邦交正常化和富士美术馆创立15周年,作为纪念展我们举办了"中国历代女性像展",在贵国的中国历史博物馆、故宫博物院的协助下,展出了贵国的国宝级文物。

此外,到目前为止,我们还举办过"光荣的18世纪法国名画展"、被公认为是法国革命200周年纪念活动第一项正式活动的"法国革命和浪漫主义展"、"黄金的17世纪法兰德斯绘画展"、泰国普密蓬国王陛下的"特别摄影展"、"英国王室礼服展"、意大利的"博洛尼亚大学特别重宝展"、"西洋绘画名作展"和"哥伦比亚大黄金展"等。

这些只是第一步。只要我们开辟了通向世界的道路,我相信爱好和平的青年就一定会拓宽它、延伸它。

常书鸿: 广泛的文化交流,使人与人之间心息相通,增进相互理解。正如中日两国战后一样,人们备尝战争的苦酒后,相互宽容,互

---

[1] 华托(Jean-Antoine Watteau,1684—1721):法国画家。作品有《惜别爱情岛》等。
　弗拉戈纳尔(Jean Honoré Fragonard,1732—1806):法国画家。画风柔媚,作品有《偷吻》等。

相理解，超越少数激进反动势力的妨害，朝着永久和平的方向奋勇前进才是最重要的。

我已是高龄的人，已经不可能有太多贡献了。但是，通过孩子们不断的努力，我坚信地球上建立世界大道的理想一定能实现。

对周总理的回忆

常书鸿：我听说池田先生是周恩来总理生前会见的最后一位日本人。您能谈一下对周总理的印象吗？

池　田：我见到周恩来总理是在1974年12月5日夜，那是我第二次访问中国的时候，地点在北京市内的一家医院里。我记得当时是10点左右（夜间）。

周总理不顾病魔缠身，特意到大门口迎接我。他笑容可掬地伸出手来与我握手。他那精悍、能透视对方心理但又十分慈爱的眼神给我的印象很深。

我在这以前同美国的基辛格博士会见时也谈到过这个问题。我首先感到的是他作为"人民的总理"，受到人民的信赖和爱慕的高贵的人品，以及体验过长征和众多磨难后担负国家重任的坚强的人格。我与周总理这是第一次见面，10年前曾听别人说，周总理指示当时中日友好协会的孙平化副秘书长要重视创价学会并与它联系交流。1964

年，通过友人我收到了周总理的口信，并且也听说曾致力于改善中日关系的政治家松村谦三先生、高碕达之助先生，作家吉佐和子女士等与周总理也有联系和交往。

实际见面时我发现，他有一双透视历史发展、高瞻远瞩并能洞察别人微妙心理活动的眼睛。我深深地感到他是一位杰出的领导人。他属于那种既拥有巨大的吸引力，又能细心体察对方的人。他性格爽朗，还让人有一种强烈的信赖感，这给我留下了难忘的印象。

常书鸿：会见时相互间谈了些什么呢？

池　田：一是周总理希望尽快缔结《中日和平友好条约》。对于这个条约，在同周总理会见前我也一直主张应尽快缔结。当时中日战争结束后已经过了1/4世纪，而中日邦交关系却没有确立，不幸的状态一直持续着。我想，为了那些与战争无关的青年，为了两国的人民，这种不正常的关系必须改变。因此，我主张日本应排除一切困难与中国缔结"和平友好条约"。

至于条约的名称，主要是出于不再有战争、向往和平，以使两国万代友好的愿望，还考虑到亚洲及世界的和平、稳定，由此，我认为，"和平友好条约"最为恰当。于是，在1969年6月的《圣教新闻》上，我提出了缔结友好条约的主张。

5年后，我得到周总理希望缔结和平友好条约的消息，我深感时代会发生很大的变化。同时，我也永远忘不了周总理那句话："我是50年前在樱花盛开的季节从日本回国的。"

我可以感觉到周总理年轻时在日本留学对日本所产生的亲切感。

我对周总理说:"樱花开的时候,请您再次访日吧!"周总理说:"我有这个愿望,但恐怕实现不了。"

可能是他自己已经感觉到了身体的健康状况不允许他实现这个愿望。实际上,会见后1年多,我便听到了关于他逝世的令人痛心的噩耗。

我为了纪念周总理,在创价大学校园里,让日本学生和中国的留学生一起栽了一棵樱花树。我想把这位曾留学日本、经历过中日战争、战后为中日邦交正常化费尽心血的先辈的事迹讲给日本的学生们,使它流传百世。这棵树取名为"周樱",它每年都会绽放出无数美丽的花朵。

周总理曾对我说:"20世纪最后的25年对于世界和平是一段非常重要的时期,让我们站在相互平等的立场上,互相帮助、共同努力吧!"现在距离21世纪还有十几年的时间,我决心为了使生长在新世纪的人们能够享受和平繁荣的生活,能够平等互惠、和平友好地发展下去而竭尽全力去奋斗。

常书鸿:我本人也与总理见过几次面。1951年,周总理参观当时在北京举行的敦煌文物展览会时说的那些话我将永志不忘。他说:"我们无论有多少困难也不要泄气,一定要尽最大的努力去保护敦煌。"他的这句话成了我行动的指南。

池　田:那时先生同周总理的对话,我在常先生的著作中也读到了。周总理对艺术有很深的理解。他曾强调过保护和研究敦煌宝贵的民族艺术遗产,是非常重要的。他还指出"推陈出新"的重要性，并强调"我们一定要像对待自己的生命一样珍惜、保护这些古代文化"。

从他对古代文化的理解，以及在展览会上的讲话中可以看出他深厚的文化修养和在这方面所具有的真知灼见。我可以感觉到为人谦虚、在边陲地区勤奋努力的常先生听到这些话后该会受到多么大的激励。我曾记得，在常先生的书中这样写道："我剩下的路就是将总理的教导和期待铭记在心，为实现诺言，毕生致力于敦煌文物的研究和保护工作。"

常书鸿：1962年在第三次全国人民代表大会期间发生的一件事，我至今仍记忆犹新。会议途中有10分钟的休息时间，我们被总理叫去。总理问我："在大炼钢铁时，敦煌树木被大量砍伐过吧？钟被砸坏过吗？"

我回答说："树木的砍伐没有那么严重。由于县政府的政策好，有价值的古代珍品和刻有年号的钟全部被保存了下来，因此，钟没有遭到破坏。"

总理这时又问："你的孩子们都干得不错吧？"我的女儿常沙娜曾承担过人民大会堂宴会大厅的天花板图案的设计工作。1959年人民大会堂落成之际，周总理曾提议为那些美丽的图案干杯。

这时，我想总理大概是指沙娜的事情，于是说："沙娜在北京。"总理接着说："我的意思是，敦煌这个宝库的事业不是我们一代人能完成得了的，子子孙孙、世世代代都应继承下去，去研究和保护它。"

总理又问起与我同在敦煌工作的同事和后辈的情况。对总理的亲切关心和教导，我真是难以忘怀，由此，我下决心将我的一生以及我的子子孙孙都献给敦煌的事业。

池　田：这真是件逸闻。从重视敦煌文物这件事来看，周总理是一位有先见之明的领导者。有周总理这样一位领导人，不仅对中国的敦煌研究者，而且对外国的研究者、专家以及世界上众多关心敦煌的人来说，都是一件很幸运的事。

在与周总理会面 5 年后，《人民日报》上登载了王冶秋（时任国家文物事业管理局局长）的文章。我读后才知道了一件事情。王冶秋曾送给周总理一幅画有富士山及清溪的版画，当时正值"四人帮"恶毒攻击周总理的时期。过了不久，周总理将那幅版画又还给了王冶秋，并附上一封信。

那封信是用铅笔写的，日期是会见我的那天。上面写了欣赏那幅版画后的赞誉和答谢之辞，并有"将一直挂到现在的这幅版画还给你"的话，还说"现在正值疾病治疗中，病情有所好转，请放心"等。通过这件事，我才得知周总理是在接见我后给王冶秋写的这封信。周总理诚实的人品、独特的人格魅力，令我感慨万分。周总理逝世的时候我正在京都。周总理留学日本时也去过京都，在岚山还有总理充满激情的一首诗。[1]

当听到他逝世的噩耗后，我一整天都在为他祈求冥福。后来得知他得的是癌症。我初次访华时他曾说："下次病情好转后一定再见你一面。"现在想起来，我心里不由得阵阵发痛。他那时以坚韧的毅力

---

[1] 1919 年 4 月 5 日，留学日本的周恩来在归国途中停留于日本京都。在京都，他写下了《雨中岚山》等二首诗。——编者注

处理内外复杂问题的精神,深深地打动了我。

周总理的一生是为人民的一生。他看到被压迫的民众受苦受难便毅然挺身而出,在信念的大道上不向任何困难屈服。他作为"人民的总理",不仅为中国人民,也为亚洲及世界的和平做出了巨大的贡献。常先生曾经这样评价周总理:他的一生光明正大,他为了国家鞠躬尽瘁,他的心比谁的都要清澈。我也曾听到过许多人都这样评价周总理。

周总理逝世两年后,我在北京见到了邓颖超夫人,这时得知夫人将在第二年春樱花盛开的季节访问日本。来日本后,我在迎宾馆内见到了她。1980年我第五次访问中国时,她邀请我到家中做客。在与邓女士交谈的过程中,我了解到她和周总理许多可歌可泣的故事。

她给我讲了他们二人从相识直到总理逝世的经历,特别谈到把总理的遗骨撒到祖国大地上这件事。她对我说:"我们年轻时,两人有个约定,就是为人民奉献我们的一切,死后也是一样。因此,我们约定不保存遗骨。恩来同志重病期间,需要看护人员在两边搀扶身体时,曾反复对我说:'一定要实现我们二人的约定。'"世界上有许多所谓"伟大"的人,但是包括私生活在内有伟大人格的却不多。周总理不仅是卓越的政治家,而且是一位有文雅教养、有礼节及清廉高洁的人。他与夫人一起,为中国人民贡献了全部生命。

我曾写诗赞颂他:

光阴流转到今天
樱花辉映更如前
寄语友好传万代

年年岁岁樱花烂

人民总理人人敬

人民母亲人民爱

我为友谊常祝祷

心中樱花开不完

与井上靖先生的友谊

池　田： 刚才常先生提到井上靖先生的小说《敦煌》拍成电影一事。我听说"文化大革命"后,作为日本人,井上靖先生第一次访问敦煌时,曾跟先生一起交谈过。当时有没有记忆比较深刻的事情呢？

常书鸿： 1979 年 6 月我在孙平化同志的介绍下见到了井上靖先生及其夫人、清水正夫先生（松山芭蕾舞团团长、日本中国友好协会理事长）与夫人松山树子女士（同团副团长）。这是"文化大革命"后,敦煌首次向日本人开放。井上夫妇和清水夫妇认真地参观了敦煌,从敦煌的石窟到沙漠上的一草一木,他们都抱有浓厚的兴趣。

我作为主人陪同他们参观了玉门关。玉门关离敦煌有 80 公里左右,当时没有车道,所以车子一直是在戈壁沙漠上行驶的。车子摇晃得很厉害,后来井上靖开了个玩笑："下次来时,头上可得多戴几顶帽子。"为此,大家都笑了。我们在长城脚下漫游,井上夫妇情绪总是特别好,谈笑风生,井上靖夫人则对沙漠植物的兴趣很大。

第二次见到井上先生是在 1979 年 10 月 4 日。我们从兰州出发，沿着古丝绸之路向敦煌进发。车子沿着河西走廊行驶，拍摄取名为"丝绸之路"的电视连续专集。这次，我对井上靖先生的印象特别深。

车子在戈壁沙漠上行驶时，井上先生一直在细致地观察周围的大自然景色，有时候会停下车拍摄。那时，他经常用随身携带的纸巾擦拭脸和头发，并用小梳子将头发梳得整整齐齐。

井上先生经常在小笔记本上记下诗或文章什么的。一次，我们在刮"布隆吉"龙卷风的地方，准备拍摄沙漠特有的龙卷风——"沙龙"。

我们与 NHK（日本广播协会）的专题组、中国中央电视台的工作人员饿着肚子在那里等着拍摄龙卷风狂虐的场面。但是，从早上一直等到下午却一点儿风都没有。当时带的食物只有很少量的水果和橘子水，大家的肚子正叫得欢的时候，井上先生却像什么事也没发生一样，沉静地等待着，并在一边写着诗。风终于刮起来了，井上先生跟我一同登上土台的废墟，像古代人一样观看"沙龙"。这时候，在空阔的戈壁沙漠上仿佛有条龙在那里狂舞，龙卷风卷起沙土扬向天空。

大家都十分高兴，摄影人员迅速用录像设备记录下了这宝贵的场面。井上先生马上将这壮观的景色用诗写到他的笔记本里。现在想起这些事情来，一切犹如昨天刚发生的一样。

池 田：我也同井上先生见过几次面。我们就日本传统的美、日中友好方面的问题，以及他的作品《苍狼》进行了愉快的对话。他诚实的人格令人难以忘怀。

我们曾持续一年保持书信往来。那是从我第三次访问贵国回国后（1975年4月）到第二年春天的事，其间发生了周恩来总理逝世的事。我写下自己的感受，井上先生怀念周恩来总理人格的文章更是令人感铭至深。"在礼仪端正、心地善良的世界里一颗巨大的星辰陨落了。"这句话我至今仍记忆犹新。

通过这种书信往来，我从井上先生那里学到了许多东西。其中之一是他在看到长江时发出的感慨，充分体现了他的文学理念。滔滔不绝的波浪流向大海，在那壮观的巨流的岸边，有几个妇女在洗瓮。井上先生看到这种场面后在他的文章里吐露了他当时的心情："作为一名文学学子，我希望永远能在接触到民众的地方从事我的工作……我相信永恒、相信人、相信人创造的社会。就像中国妇女在洗瓮时洗红了她们的双手一样，我愿我写文章能写到自己的双手发红。"

他的这些思绪在其小说《敦煌》等作品中也有流露；在他写的有关敦煌和丝绸之路的纪行文学作品中，同样可以感受到这种情感。通过这些文章，我们更能深刻地理解井上先生的文学根源。

祝愿持久的和平友好

池　田：常先生访问了日本好几次，到现在为止，您感受最深的是什么呢？

常书鸿：我访问过日本七次。第一次是从1957年12月31日到1958年2月5日。那次到过东京、京都、奈良、大阪和名古屋。第二次是从1979年10月26日到11月12日。我那次到了东京、京都、奈良、大阪和福冈。

第二次是从1983年4月10日到10月底，中途因出席全国政治协商会议归国。严格地说这次是访日两次。那时除到过东京、京都、奈良外，还到过北海道的札幌、根室、纳沙布岬，最后到了东北的青森、仙台和冈山。

第五次是从1985年7月到10月，去的是东京和奈良。第六次是1986年6月的事，当时也是到东京、奈良。第七次访日同样也是到东京、奈良，那是1988年4月9日到4月17日的事。

给我印象最深的城市是京都和奈良，这是两个拥有古代文化底蕴的城市。在市内，众多的文化遗迹被保存下来，而它们都与中国文化有着密切的联系。

比如，奈良时代法隆寺的壁画。1957年访问日本时我发现了1947年临摹的法隆寺金堂壁画，我曾听说过这些壁画与中国敦煌的壁画非常相似。在访问京都和奈良期间，我得知这些地方的佛教美术遗产与中国艺术密切相连的历史关系，因此我对其印象进一步加深了。致力于敦煌研究四五十年，看到近似敦煌文化艺术的日本古典佛教文化，我心中有一种说不出的亲切感。

池　田：先生在日本各城市广泛地与各界、各阶层人士进行交流，您对日本与中国的友好往来有什么感想和展望呢？

常书鸿：没有人喜欢战争，谁都厌恶战争。特别是我们都希望中日两国世世代代友好下去，在这一点上，我们的想法同池田先生是一致的。并且，为了增进和平友好往来，我们没有只停留在口头上，我们认为为了和平友好必须做一些实实在在的事情。池田先生曾六次访问中国，有什么印象呢？与先生见面的人中，谁给先生的印象最深刻呢？

池　田：是啊！有许多人都让我印象深刻。中日友好协会的廖承志会长是令我难忘的人。1974年初次访问贵国时，廖承志先生用流畅的日语欢迎我们。每次访问贵国时，现任中日友好协会的孙平化会长都给予我们不少照顾。六次访问中，我先后到过北京、上海、西安、广州、武汉、南京、郑州、苏州、无锡、桂林等地。

对于各地的印象，我在不同的场合都提到过。总的说来，中国是一个充满无限希望的国家。虽然中国和日本的社会制度、民族性、风俗习惯不尽相同，但是，人与人之间有一种共同闪光的东西。

中国和日本在各自不同的条件下建造了固有的社会，表面上表现出来的只是其中一部分。只有走到民众中间、每个人中间，理解和信赖感才会产生。也只有这样，心与心之间的纽带才能缔结。

我见过的人有周总理、邓小平副总理（当时）、李先念副总理（当时）、胡耀邦总书记（当时）、华国锋主席（当时）、王震国家副主席（当时）和邓颖超女士等国家领导人。

廖承志（前会长）、孙平化（现会长）以及中日友好协会的所有工作人员都给我留下了美好的回忆。而且，我与北京大学、复旦大学、武汉大学的老师们长期进行交流。当然，在文学界、艺术界也有许多亲密的、令人尊敬的朋友。

在中国，我广泛地参观了农村、工厂、学校、少年宫等生活场所。在那里尽管有不知姓名的过路人，但他们也给我留下了难忘的印象。

在这么多人中，要问对谁印象最深，我不好回答，因为我见到的每个人都是非常重要的朋友。（笑）

不过，我把从这些会面中获得的共鸣、学到的东西和作为一个日本人必须知道的事情，写成文章或在许多场合告诉别人。通过这些，如果能进一步加深他们对中国的了解，增进相互间的关系，那就实现了我最大的心愿。

常书鸿：听说池田先生是日本最早主张恢复中日邦交的人，不知道先生为什么对中国抱有这样深厚的感情呢？

池　田：直接的动机是我少年时代遭遇的事，还有恩师对我讲过的话，这些我前面已经说过。当时，亚洲战火不绝、悲惨不幸的历史反复上演。展望未来，亚洲这个占世界人口半数的地区的繁荣与稳定，对维持世界和平无疑是非常重要的。

我认为拥有10亿多人口的中国在亚洲甚至世界的和平、稳定方面起着决定性作用。而且就中日的历史关系而言，日本也一直是受中国文明影响的。

中国和日本在文化方面（比其他任何国家）是一对有着深远关系的兄弟国家。从这种历史关系、民族性和文化的相似性来说，我认为中日发展友好关系是自然的潮流。不能只顾眼前，必须着眼于长远的未来。

因此，1968年9月8日，在第11届创价学会学生部总会上，我和大约2万名青年谈了有关中日两国邦交正常化及友好和平的愿望。当时正是基于二三十年后的世界局势而谈的。

现在，那时的学生已到了壮年，其中不少人为中日世代友好添砖加瓦，活跃在第一线上，对此我甚为欣慰。

漫长的战争结束那年我才17岁。我体验过东京大空袭的滋味，在战争中失去了长兄。之后，我便在混乱的战后困难岁月里奋斗抗争。

我曾受过军国主义的教育，但是日本军国主义的侵略，让中国和当时朝鲜半岛的民众遭受了多少苦难啊！

广岛、长崎的原子弹爆炸是非常悲哀、残酷的现实,这些在战后更加明显。我从 1965 年元旦开始在报纸上发表连载小说《人间革命》,开头第一节是 1964 年在冲绳写的。冲绳在那次战争中惨遭炮火轰炸,不少人因此丧生。

在第一节的开头我这样写道:"没有什么比战争更残酷,没有什么比战争更悲惨。然而,战争还在继续,被愚蠢的领导者裹挟向前的国民是多么可怜啊!"

这是我体验战争后的真情。

因此,再也不能让年轻一代去体验这种残酷的战争了!这种念头在我心中变得愈加强烈!

1968 年,我的主张是在越南战争陷入不可自拔之境时发表的。我认为与中国的邦交正常化是维持亚洲和平最基本的前提,特别是不能给那些与战争无关的青年一代留下战争的创伤。为了今后的青年们,为了 21 世纪,无论如何也要打通这条通往和平友好的大道。

我曾对他们说:"不久诸君将成为社会的中坚力量。日本的青年也好,中国的青年也好,一定要携手为建设灿烂的社会而奋斗。"

以日本和中国的友好为中心轴,直到亚洲所有国家的人们都走向互相帮助、互相保护的时候,今天笼罩在亚洲的战争和贫困的阴云才会被冲散,希望和幸福的光芒才会照亮整个时代。第二年,我在小说《人间革命》中提出,为在两国之间缔结《中日和平友好条约》应排除万难向前进。

在众多希望中日友好的两国人士的共同努力下,1978 年这个条约终于在北京签订。10 月,贵国的代表团来访日本。已故的廖承志先生当时也一起来访日本。接着,10 月 23 日该条约宣布生效。

从那天起至今,已经过去了十多年。在这期间,中日之间虽然产生了一些问题,但相互间的交流也得到了发展。

在该条约生效 10 周年之际,我们接待了以中日友好协会会长孙平化先生为首的代表团。孙先生为中日友好做出了巨大贡献。

在欢迎会上,我说,在扩大交流的过程中产生了一些误会,出现了一些新问题,这都是不可避免的。但是,世界和平的曙光已经来临,特别是扩大和平交流,反映了人们的愿望和心声。

作为提倡缔结这个条约的人,我愿同中国希望和平的各位朋友进一步扩大信义和友谊的交流。同时,我将尽自己的努力,为中日友好缔结更牢固的纽带。衷心祝愿通向和平的小溪在前进的途中变作宽阔的长江大河!

附录一

常书鸿先生大事记

1904 年

4月6日（光绪三十年，农历二月二十一日午时）出生于浙江杭州新市场浣沙西二弄24号。

兄弟共五人，排行老二。祖籍热河头田佐镶黄旗，姓伊尔根觉罗，高祖名克克色布，曾祖名客欠德晕，祖父名少峰，清时驻防浙江杭州世袭云骑尉，父亲常庚吉，母亲梁氏。满族人。

1911 年

随三叔学画、填色。

1912 年

春，入杭县梅青书院（私塾）读书。

1914 年

入杭县时敏小学（新式学校）三年级，插班读小学。

1915 年

时敏小学四年级，开始学画国画，并试用炭粉学画人像。

1916 年

入杭州惠兰高等小学五年级班读书,用木炭画人像,以收入补贴家用。

1917 年

惠兰高等小学六年级,继续学画。

1918 年

考入浙江省立甲种工业学校预科,学习染织专业。

1919 年

省立甲种工业学校预科结业,转入染织专业学习。

1920 年

继续就读于染织专业,并与同班同学沈西苓一起学画。

1923 年

甲种工业学校染织科毕业,因成绩优异而留校任教。甲种工业学校改名为省立工业专科学校。

1924 年

继续任省立工业专科学校预科教员、科纹工场管理员。暑期到上海美术专科学校学习。

1925年

任省立工业专科学校美术教员。在杭州农业大学兼课,教美术。暑期仍到上海美专学习。参加杭州中等学校美术教员西湖画会。与陈芝秀结婚。

1926年

浙江省立工业专科学校改为浙江大学工业学院,任本科美术教员。当选为教职员工会委员。

1927年

参加教育部浙籍公费赴法留学生选拔考试。久未发榜,以为无望,在工业学院李熙谋院长的支持下,带职自费于6月赴法留学。6月16日从上海乘法国邮轮赴巴黎。

8月底,到达法国马赛,后转赴巴黎。

9月,参观巴黎各博物馆,在巴黎庞薰琹画室画模特。因生活困难,在饭馆打工。

10月,收到法国里昂中法大学公费入学的通知书,即赴里昂报到入学。

11月,考入里昂国立美术专科学校预科学习。

1928年

10月,预科学习一年后,以优异成绩提前升入专科,学习油画。油画班主任为窦古特先生。每天上午学习油画,下午学习染织图案,晚上在夜校学习纺织机械。陈芝秀赴法国。

作油画《沙伏的风景》《里昂圣蒂雷街》等。彩色铅笔画《木工》获康德铅笔公司速写绘画奖第一名。

1929 年

作油画《暴风雨之前》《里昂裴鲁奇风景》等。1930 年作油画《某夫人像》等。

1931 年

作油画《里昂公园风景》等。女儿沙娜出生。

1932 年

里昂国立美术专科学校油画系及纺织图案系毕业。

作油画静物《鱼》《菜花》《蚕豆》。油画《G 夫人像》作为毕业作品获全校毕业生作品第一名。

8 月，参加里昂市保送巴黎学习公费考试，以《浴后梳妆》获第一名被录取。进入巴黎国立高等美术学校，在新古典主义画家、法兰西艺术院院士劳朗斯画室学习。油画《怀乡曲》参加里昂 1932 年春季沙龙，获荣誉奖。

1933 年

作油画《野兔》《湖畔》《鸡》《人体》《鱼虾》《画家家庭》等。《湖畔》参加里昂 1933 年春季沙龙，获银质奖。组织中国留法艺术家学会，为召集人，居室为活动地点。

1934 年

作油画《吴夫人像》《神父》《浴女》《人体习作》《两姐妹》《苏联姑娘》《静物》《巴黎菜市》《巴黎卢佛公园》《同学》等。《顾维钧大使像》《特弗利夫人像》参加巴黎 1934 年春季沙龙。《病妇》参加里昂 1934 年春季沙龙，获金质奖，由法国国家博物馆收藏。《画家家庭》参加巴黎 1934 年春季沙龙，获银质奖。《鸡》《织毛衣》参加巴黎秋季沙龙。

写作和发表《绘画的实质问题》《现代绘画的题材问题》《法国沙龙简史》《法国近代装饰艺术运动概况》《中国新艺术运动过去的错误与今后的展望》等文。

1935 年

继续在劳朗斯画室学习。作油画《塞纳河畔》《卢森堡公园》《沙娜像》《春眠》《紫葡萄》《火腿》《倚坐裸妇》《乳酪》《裸妇》等。《沙娜像》现藏于巴黎蓬皮杜艺术中心。静物《紫葡萄》获法国巴黎国立高等美术学校法兰西艺术院院士劳朗斯画室第一名。《G 夫人像》、静物《鱼》参加巴黎 1935 年春季沙龙。《裸妇》参加里昂 1935 年春季沙龙，获金质奖，由里昂国立美术馆收藏。在巴黎举行个人油画展，展品 50 余幅。

春，当选为巴黎美术家协会会员，参加法国巴黎肖像画协会。教育部郭有守参事和浙江大学工学院院长李熙谋来巴黎考察教育，邀常书鸿回国。常书鸿因生活安定、学习环境优越而暂不想回国。

冬，与曾竹韶、张贤范、马霁玉、陈依范、陆传文、陈芝秀一起去英国伦敦参观正在举办的中国古代艺术展，并参观了大英博物馆、蜡像馆等。

年底，在巴黎塞纳河畔旧书摊上发现伯希和编著的《敦煌石窟图录》，并参观吉美博物馆收藏的敦煌彩色绢画，开始关注敦煌。

著文《法兰西艺术》《意大利未来派中的天才画家》，刊于《艺风》。

1936 年

春，作油画《姐妹俩》，参加巴黎 1936 年春季沙龙，获金质奖，并被选送参加国际博览会，获荣誉奖。

受教育部部长王世杰之邀，决定回国任北平国立艺术专科学校教授。9 月，乘巴黎至北平的国际列车经比利时、德国、波兰、苏联回国。任教育部部聘教授、北平国立艺术专科学校造型艺术部主任，为西画系三年级董希文、秦岭云等 20 多名学生授课。

作油画《街头幼女》《任重道远》《金瓜葡萄》等。

1937 年

参加第二届全国美展筹委会，与刘海粟二人任全国美展评审委员。油画《裸妇》、静物《乳酪》参加第二届全国美展，《裸妇》获第一名。

参展期间，回杭州老家，祖母健在，父母已亡故，为父母修墓。

"七七"卢沟桥事变后，于 7 月 14 日离开北平前往南京，后回到杭州。

9 月，接北平艺专校长赵太侔之电，去武汉筹备国立艺专在后方复课事宜。

经过短期筹备，10月赴江西庐山牯岭复课。

11月又迁校于湖南沅陵老鸭溪，并复课。国立杭州艺专在11月间也迁来沅陵。

冬，在沅陵作油画《沅陵雪景》《野渡船家》等。

1938年

初，北平艺专和杭州艺专两校合并，成立了由杭州艺专校长林风眠、北平艺专校长赵太侔和常书鸿3人组成的校务委员会。

秋，改善生活条件、改善教学条件的建议引发学潮，林风眠离校。

冬，教育部宣布撤销校务委员会，任命滕固为校长，常书鸿任造型艺术系、西画系主任。12月决定迁校云南。

在迁校工作中，校长有病，常书鸿奉命代理校长职务，负责迁校工作。

作油画《寒江》《蒲公英》《野花》《日寇暴行录》等。

1939年

2月，国立艺专从湖南沅陵迁往云南昆明，途经贵阳，2月4日遭日寇飞机轰炸。陈芝秀和沙娜幸存，常书鸿的所有财产被炸。至昆明后，筹备复课。

夏，去河内购买画具。

秋，借用昆明市昆华小学临时上课，后在云南晋宁县安江村正式上课。

作油画《沙娜像》《梳妆》《夏收》《静物》《平地一声雷》等。

1940 年

作油画《仙人掌》《家庭画像》《茶花》《妇女像》等。

在昆明举办常书鸿个人油画展,展出作品 40 幅。

秋,国立艺专发生第二次学潮,学校解聘部分教授,常书鸿离开国立艺专去重庆。

年底,教育部成立美术教育委员会,常书鸿任常委,兼秘书。

1941 年

作油画《大地》《重庆凤凰山雪后》《重庆凤凰山即景》《艺人之家》《肖像》《是谁炸毁了我们的家》《壮丁行》《前线归来》《雪后重庆》《湖北大捷》,静物《荔枝》《李子》《芍药》,以及《人体》等。

夏,应四川省教育厅厅长郭有守邀请赴四川青城山等地写生、作画,并在成都举办个人画展,36 幅作品展出后全部售出。在重庆文化会堂画孙中山等像。

1942 年

作油画《四川农民》《钢盔》,以及《孙中山》《孙科》《孙科夫人》油画肖像。在重庆举行个人油画展,展出作品 50 余件。

9 月,国立敦煌艺术研究所筹备委员会成立,任筹备委员会副主任委员。离开重庆乘飞机到达甘肃兰州,进一步开展筹备工作。

1943 年

2 月,在兰州参加完筹委会会议后,乘卡车离兰州经河西走廊至安西,换乘骆驼于 3 月 24 日到达敦煌莫高窟。

敦煌莫高窟收归国有，选定中寺为筹委会会址。决定着手初步调查石窟、石窟全境测绘、石窟内部清理、石窟内遗物古迹集纳。

夏，由敦煌返重庆汇报工作，接陈芝秀、沙娜、嘉陵到敦煌。

1944年

元旦，国立敦煌艺术研究所成立，任研究所所长。规划莫高窟的保护工作，清除洞窟积沙，修筑保护围墙，绘制莫高窟全景图，考察洞窟，逐窟作内容记录，开始临摹壁画。

作油画《莫高窟下寺外滑冰》《葡萄》《小鸟》《野鸡》《咯哒鸡》《古瓜州之瓜》等。

与董希文一起去南疆公路建设工地写生近一个月。

1945年

从事莫高窟各窟内容的编写工作，调查洞窟，并逐窟制定洞窟内容表。

作油画《雪后莫高窟风景》《姐弟俩》《抗日战争胜利日》《牧场》《鹅》《南疆公路》等。

4月，妻子陈芝秀出走，离开敦煌后，在兰州登报离婚。

7月，教育部撤销敦煌研究所。后由中央研究院接管国立敦煌艺术研究所。

年底，率子女去重庆，落实经费、人员等事。

1946年

在重庆招聘敦煌工作人员，置办了卡车、器材等。5月离开重庆，8月中秋节到达敦煌。

草拟"边疆文化学院"办学方案，交于右任先生。

继续洞窟调查、逐窟制定洞窟内容表。

1947年

9月，常书鸿到兰州。李承仙从重庆赴敦煌经兰州，常书鸿与李承仙结婚。10月底同返敦煌。

11月，带领李承仙、段文杰、肖克俭对莫高窟洞窟重新编号（现今所用的编号）。

12月，与李承仙、常沙娜赴阿克塞地区进行哈萨克民族风情写生半个月。

作油画《敦煌中寺后院》《三危山的傍晚》《敦煌农民》《在冰河上》《肖像》《梨花》《古汉桥》等。作水彩画《哈萨克族牧民》《蒙古族猎人》《马喇嘛》《古汉桥前》等。

1948年

4月，莫高窟重新编号完成。

6月，由敦煌至南京，并筹备敦煌艺术展。

8月，敦煌艺术展在南京举办，展出临摹壁画600余幅。后移至上海继续展出。

11月，临摹画稿制成彩色版。为防壁画摹本被运往台湾，将画稿分两批藏在杭州和上海两地。

撰文《从敦煌近事说到千佛洞的危机》，发表于《大公报》。

作油画《磨坊》《哈密瓜》《牧民的休息》《敦煌一老农》《敦煌梨

花》等。

女儿沙娜赴美国留学。

1949 年

继续考察石窟，崖顶修筑防沙墙，临摹敦煌莫高窟第 66 窟唐代壁画，作油画《张氏夫妇像》《黄氏夫妇像》换取捐款，为莫高窟洞窟修建窟门。

9 月 28 日，迎来敦煌的解放，解放军到达莫高窟。

10 月，参加敦煌县城的解放庆功大会。

10 月 20 日，酒泉军分区接管敦煌艺术研究所，全体工作人员留用。

12 月，酒泉地委贺建三书记、专员公署刘文山专员来所慰问，赠棉衣裤、皮手套、棉鞋等。

1950 年

元月，与李承仙一起为进疆部队画毛主席、朱总司令像。

春节前，用梨木板刻自己新创作的年画《一本万利》《发家致富》《工农赐福》《槽头兴旺》等，并与敦煌县政府联合公告，在敦煌出售。

3 月起，在千佛洞前有限的土地上开荒种植瓜果蔬菜和粮食。

4 月 28 日，儿子嘉煌出生。

8 月，西北军政委员会文化部文物处赵望云处长、张明坦副处长来莫高窟，正式接管研究所。开团结会，给全所同志及嘉煌送衣物，并总结过去，布置新的工作任务。

10月，去西安参加西北第一次文代会，被选为西北文联理事、西北美协副主席。参加西北第一次美展，展出有关少数民族的风情画20余幅。

12月，赴京筹备敦煌文物展。

1951年

元月，敦煌艺术研究所归属中央人民政府政务院文教委员会社会文化事业管理局，改名为敦煌文物研究所，常书鸿任所长。参加郑振铎任组长的敦煌文物展筹委会。

4月7日，筹备工作结束，陪同周恩来总理参观展览会。展览开幕后接待瑞典驻华第一任公使阿马斯顿先生，收到1937年寄存在德国大使馆陶德曼处的一批油画。

6月6日，中央人民政府政务院文教委员会向敦煌文物研究所颁发奖状、奖金。

7月，国家社会文化事业管理局拨款抢修莫高窟，与古建所赵正文、莫宗江、余鸣谦等专家规划莫高窟的抢修工程。

8月，配合北京电影制片厂拍摄电影《敦煌艺术》。在北京中国历史博物馆参加"忠诚与老实"运动。

9月，参加中华人民共和国文化代表团出访印度、缅甸，9月20日起程。

10月起在印度、缅甸参观，作《敦煌艺术》的报告。

写作和发表了《敦煌艺术的源流与内容》《敦煌壁画艺术》《敦煌艺术》《从敦煌艺术看中华民族艺术风格及其发展特点》等论文。

1952 年

2 月,结束对印度、缅甸的访问,回到北京。

5 月,回到敦煌,向党组织提出加入中国共产党的申请。将他于 1944 年购买的《蒙求注》唐人写本(蝴蝶装)赠给敦煌文物研究所。制订新的临摹与研究工作计划。

9 月,在兰州主办敦煌壁画临摹作品展。

10 月,率团考察天水麦积山石窟。

11 月,率团考察永靖炳灵寺石窟,调查报告发表在《文物参考资料》上。

作油画《哈萨克族妇女》。

1953 年

1 月 7 日,儿子嘉皋出生。

6 月至 12 月,任新疆文物考察团副团长,考察新疆石窟。

当选为敦煌县人民代表。任中日友好协会理事、中东文化友协理事。

作油画《新疆维吾尔族姑娘》《活捉乌斯曼》《雪后大佛殿》。

1954 年

写工作报告提交给文化部,主要内容为保护与研究方面的总结与设想、关于改善工作和生活条件的问题,得到周扬批示,拨给研究所带拖斗的吉普车,购置了发电机,千佛洞安装了电灯。

整理新疆考察报告、论文。

规划全所工作,重点临摹敦煌图案。

撰写《敦煌图案》一文。

1955 年

临摹莫高窟第 217 窟《化城喻品》。

文化部文物局王冶秋局长来所视察，确定"全面摄影，重点临摹"的方针，规定了各项研究任务。

春，印度阿旃陀建窟 1500 周年展在北京举行。就此，常书鸿向郑振铎部长建议，于 1966 年庆祝敦煌莫高窟建窟 1600 周年，并建议出版敦煌大型图录。

9 月，负责在北京故宫奉先殿举办的"敦煌艺术展"，展出大幅代表作和整窟临摹作品。

10 月，接待印度友人、印度国际大学艺术学院院长德夫·巴曼，巴曼在莫高窟进行了为期一个月的考察、临摹和研究。

1956 年

主持制订 1956 年至 1966 年敦煌文物研究所 10 年工作规划草案。

全年在榆林窟临摹、调查，撰写《新疆石窟艺术》一书，并制图。

7 月 1 日加入中国共产党。入党介绍人为高鹤龄、杜芳铭。

作油画《榆林窟》《霍老先生》《莫高窟牌坊》《敦煌莫高窟大佛殿》《幼苗》等。发表《敦煌壁画中的历代人民生活画》等文。

对 12 册"敦煌艺术小丛书"的著者李承仙、霍熙亮、李其琼、段文杰、关友惠、冯仲年、万庚育、孙纪元、欧阳琳等九位同志的文稿，逐篇修改并补充，完成后交人民美术出版社出版。

1957 年

6月至7月筹备敦煌艺术赴日展览。

夏,郑振铎视察千佛洞,提出编辑出版敦煌石窟相关书籍120本的计划、编委人选。继续规划榆林窟的临摹工作。

10月,进京筹备赴日展览。

12月中旬,与康大川、李承仙、崔泰山组成敦煌展览工作团赴日访问、展出。

人民美术出版社出版《常书鸿油画集》。

《新疆石窟艺术》的论文及内容调查脱稿,与人民美术出版社签订出版合同。

与人民文学出版社签订出版常书鸿散文集合同。

作油画《榆林窟风景》《榆林窟之夏》《九层楼侧修防沙墙》,作水彩画《塔婆》《林阴道上》等。

1958 年

1月5日日本东京高岛屋敦煌艺术展开幕,在展览会场接待日本友人参观。后移至京都展出。展出期间作《敦煌艺术》的学术报告。

2月16日回国。

夏,由中国美术家协会主办的常书鸿油画习作展在北海公园展出,展出作品均为留法期间及回国后所作。

被评为甘肃省先进工作者,出席省先进工作者会议。

10月,敦煌文物研究所由文化部下放归属甘肃省领导,任务是"保管与发扬"。

日本出版常书鸿与北川桃雄合编的《敦煌的塑像》。

作油画《水仙花》《水车》《肖像画》等。

发表《敦煌艺术在日本》《从中日文化交流历史说到敦煌艺术在日本展出》诸文。

1959 年

1 月，出访印度，团长为刘敦桢，团员苏晖和常书鸿。访问期间作油画、速写 20 余幅，有《印度总统速写》《印度公园》《印度晚霞》《印度水库》《海边》《古堡》《印度工人》等。

9 月，任兰州艺术学院院长，兼任敦煌文物研究所所长。

参加甘肃省党代会。

10 月，为庆祝新中国成立 10 周年，在故宫博物院弘义阁举办敦煌、榆林两地石窟艺术展，撰写展览说明。

1960 年

全面主持兰州艺术学院工作，并在常书鸿画室任导师，指导姜豪、陈克俭等作画。在敦煌文物研究所创办石窟工作、博物馆事业训练班，培养本省各地、县选派的学员，为期半年。

出席甘肃省先进工作者会议。

为文物出版社出版的敦煌画集撰文《敦煌艺术》，在《人民日报》发表《谈图案》一文。

作油画《食堂》等。

1961 年

主持兰州艺术学院校园建设，继续在常书鸿画室任教。

在北京故宫举办"敦煌飞天""供养人"专题展览。

任甘肃省政协常委。

10月，去青海参加美协工作会议。

甘肃省文联主办的常书鸿油画展，在兰州友好馆举行，除公开展出83件作品外，人体裸体绘画作品内部展出。

作油画《青海湖》《塔尔寺》和静物《令箭荷花》《段家滩之鱼》《切开的鱼》等。

1962年

1月，在上海博物馆举办敦煌艺术展和"敦煌飞天""敦煌服饰""敦煌图案"三个专题展览。并作《敦煌图案与现代工艺美术》和《敦煌艺术》的专题报告，报告会由上海美协主办。

参加全国政协会议，作《六亿神州尽舜尧》的发言。

向周恩来总理报告敦煌石窟的危险状况和维修建议。

8月，中央文化部徐平羽副部长率敦煌莫高窟考察工作组赴敦煌。常书鸿汇报并提出了解决敦煌文物保护问题、编辑出版相关图书等建议。文化部党组报请周总理批准拨给经费和材料，设计、施工由铁道部担任，开始了莫高窟崖壁的加固工程。

年底，兰州艺术学院撤销。常书鸿任甘肃省文联主席、甘肃省美协主席。

在上海《文汇报》发表《敦煌的春天——从敦煌近事说到祖国的文物工作》《喜鹊的故事——敦煌散记之一》《一年四季话春秋》《敦煌书简》等文。

作油画《兰州瓜果》《令箭》等。

1963 年

春，国务院拨巨款，莫高窟大规模加固工程开始施工。

常书鸿当选为中国共产党甘肃省代表大会代表，并参加省党代表大会。

在敦煌文物研究所作《敦煌石窟与西域佛教艺术的关系》报告。

作油画《学雷锋》以及静物《鱼》《豆》等。

撰写申请莫高窟第二期加固工程的报告。

1964 年

当选第三届全国人民代表大会代表，并参加全国人民代表大会。

继续莫高窟加固工程施工，进行第二期加固工程时即申请第三期加固工程。

撰写纪念敦煌莫高窟建窟 1600 周年活动的报告。研究所工作重点按纪念活动项目进行，准备本所业务人员的研究论文、编辑出版大型图录、举办展览会等。

经过反复研究考证，确定第 362 窟唐代和尚塑像是第 17 窟藏经洞的洪䛒和尚像，因此，移至第 17 窟北壁床座上，在碑石背面记录了此事。

1965 年

莫高窟加固工程第二期结束，第三期开始。

年初，去北京汇报莫高窟建窟 1600 周年纪念活动的有关工作。

拜访郭沫若先生，请郭沫若先生担任纪念大会主席。

文化部副部长林默涵来莫高窟视察工作，并作报告。

遵照省文化局7月19日关于莫高窟建窟1600周年纪念活动举行内部小型纪念会的五点指示，主持本所保护、研究等工作。

9月，再次写报告申报纪念活动具体准备事宜。撰写《佛教与佛教艺术》。

1966年

1月，继续拟订纪念莫高窟建窟1600周年活动的计划，计划于9月下旬举行。

4月17日在北京，郭沫若为常书鸿题唐人诗篇《敕戒》。

6月起，回兰州就被卷入"文化大革命"的风潮之中，被批判、揪斗、抄家。

9月，回到敦煌，又被批判、揪斗、抄家。

1967～1972年

被批斗、审查、劳动……

1972年

4月，陪同著名美籍作家韩素音访问敦煌，并接受韩素音的采访。

6月，在北京参观文物展览。

作油画《梅花喜欢漫天雪》、静物《牡丹》等。撰写《敦煌莫高窟参观解说词》。

1973 年

撰文《武威出土的东汉铜奔马——学习祖国历史文物笔记》一文,刊于《光明日报》。

回到兰州,撰写回忆录。

作油画《扶桑》《刘家峡》《刘家峡水库》和静物《豆》《牡丹》《丁香花》等。

1974 年

在兰州。

作油画《水仙》《葡萄》《花》《大理花》等。

继续撰写回忆录。

1975 年

应国家文物局罗哲文之约,为联合国教科文组织撰写《敦煌艺术》一书。

在兰州作油画《向阳花开瓜果香》《牡丹》《牡丹和香炉瓜》《牡丹和菠萝》等。

8月起,为兰州中川机场作《激流颂——刘家峡》大型油画(600厘米×300厘米)。

1976 年

3月,完成兰州中川机场的绘画任务。为《人民中国》撰写《敦煌的风铃——三十六年敦煌话沧桑》。

撰写悼念周总理的文章。

9月,与李承仙合作为甘肃省委礼堂、兰州军区绘制毛泽东、华国锋巨幅油画像各两幅。

在江苏省扬州作油画《扬州西园》《扬州天宁寺》《扬州施桥船闸》。在兰州作油画《万紫千红》《令箭花》《大理花和葡萄》等。

在敦煌接待日本友人西园寺公一先生及夫人。

1977年

继续撰写《敦煌的风铃——三十六年敦煌话沧桑》。

与瑞典扬·米达尔笔谈《敦煌石窟与敦煌学》,于6月28日完稿。

1978年

当选为第五届全国人民代表大会代表,在北京参加会议。

3月,恢复敦煌文物研究所所长职务。整理散失文稿,组织开展研究工作,规划莫高窟窟前铁栅栏。

11月起再次赴新疆考察石窟,修改补充原写文稿。

在兰州作油画《珠峰在云海中》,在北京与李承仙合作创作大型油画《献给敢于攀登科学高峰的同志们》(600厘米×340厘米)。

方毅副总理视察敦煌,常书鸿汇报开放参观、拍电影及图书出版等事项。

在敦煌参与上海科教电影制片厂拍摄大型彩色纪录片《敦煌》的工作。

夏,文化部部长黄镇视察莫高窟,常书鸿汇报莫高窟洞窟常年大量人员进出参观、壁画显著褪色等情况,为了保护一些特级洞窟的精美壁画和塑像，建议一批洞窟由部里规定严格控制开放，提出第一批特级洞窟 7 个。

1979 年

任全国美术家协会理事、中国考古学会理事、壁画学会理事。

出席第三次全国文学艺术家代表大会，任全国文联理事。

指导中央新闻电影制片厂拍摄莫高窟第 45 窟的彩色纪录片。

带领所内业务人员在洞窟中精选 1500 余幅壁画的拍摄目录，交与文物出版社。

指导新华社摄影部用自然光源拍摄莫高窟壁画精华，记录归档案馆。

主持兰州西北师范学院美术系学生在莫高窟学习两个月。

9 月，参与日本 NHK 广播公司、中央电视台拍摄专题片《丝绸之路》。与日本著名作家井上靖先生从兰州乘汽车沿河西走廊到敦煌莫高窟。

10 月，应日本友人桐朋学园校长生江义男邀请，与李承仙、常沙娜及翻译王庆英一起访问日本两周。

任甘肃省文化局副局长。

12 月，当选为甘肃省人民代表大会常务委员会委员。

为《中国石窟全集》撰写序文。

为五卷本《敦煌石窟》撰写序文。

为《光明日报》撰文《敦煌摄影》，在香港报刊发表《敦煌艺术》等文。

1980 年

3月27日至4月12日，应德国驻中国大使魏克特先生邀请，由德国波恩国际研究中心接待，常书鸿、李承仙及翻译屠敏华3人访问德国。

6~12月因病在北京住院治疗。

撰文并编辑大型画集《敦煌飞天》。撰文《西域佛教艺术》，并编辑图像。

《文化史料》（丛刊）第1辑至第3辑连载回忆录《铁马响叮当》。

1981 年

8月，在敦煌陪同邓小平、王震、王任重同志参观。

在北京作油画静物《海蟹》《水仙花》《水仙和仙客来》等。

秋冈家荣所译常书鸿自传体著作《铁马响叮当》，由日本学研社出版。

日本一枚绘社出版《常书鸿画集》。

1982 年

3月，调任国家文物局顾问、敦煌文物研究所名誉所长。举家迁往北京。

4月，参加浙江大学85周年校庆，并作讲演。

10月，在浙江大学与李承仙合作绘制大型油画《攀登珠穆朗玛峰》。

继续修改《新疆石窟艺术》一书文稿，并整理图片。

整理译文《从希腊到中国》。

1983 年

2 月，在杭州浙江大学完成大型油画《攀登珠穆朗玛峰》（540 厘米 ×340 厘米），并捐赠给母校浙江大学。

4～8 月，应日本国立东京艺术大学邀请赴日本访问讲学，任日本国立东京艺术大学客座名誉教授。

当选为敦煌吐鲁番学会顾问。

应日本国际文化教育交流财团邀请作"第六回石坂纪念讲演"《我与敦煌》和《敦煌艺术》。在日本参观奈良、仓敷、仙台、青森、北海道、札幌等地。

作油画《仓敷》《仙台之道》《东大寺后面》《二月堂》《菊花》《君子兰》《东京的街》《拉沙布岬之桥》等。

任第六届全国政协委员。

1984 年

参加全国政协会议。

5～11 月，左腿股骨、胫骨、左手腕骨折，住院治疗。

油画静物《大理花和葡萄》参加第六届全国美展，获荣誉奖。

整理《我与敦煌》讲演稿，日本东京 SIMVL 出版社出版讲演集《我与敦煌》。

全国美术家协会庆祝常书鸿从艺 60 周年。

1985 年

4～8 月，应日本东京枣寺住持邀请，与李承仙绘制组画壁画《玄中寺》（100 厘米 ×183 厘米），共 7 幅。参观访问日本名胜。

浙江人民出版社出版常书鸿译《从希腊到中国》。

为《庆阳石窟》《嘉峪关墓画》撰写序言。

作油画《前事不忘后事之师》《飞天和花》《月季》等。

敦煌文物研究所更名为敦煌研究院，任名誉院长。

1986 年

应日本奈良法隆寺邀请，赴日参观访问。

构思创作《丝绸之路飞天》画稿。

作油画《鱼及番茄》，中央新闻电影制片厂拍成电影。作静物《杨梅》等。

1987 年

与李承仙合作创作壁画《丝绸之路飞天》。

在北京、敦煌协助浙江杭州电视台拍摄《魂系敦煌——记画家常书鸿》电视片。日本 NHK 电视台来北京，并同去敦煌拍摄常书鸿专题电视片《沿丝绸之路而来的飞天》。

参加浙江大学校庆，并举办常书鸿画展。任浙江大学校友会名誉会长。

赴香港参加香港中文大学召开的敦煌学学术讨论会，会上作《新疆石窟艺术》的讲演。

作油画《平湖秋月》《断桥之畔》《花港观鱼》《月季》《鱼和西红柿》等。

1988 年

4 月，完成历时两年创作的壁画《丝绸之路飞天》，共 16 幅（183 厘米 ×185 厘米，1 幅；95 厘米 ×185 厘米，9 幅；95 厘米 ×95 厘米，6 幅），赠送给日本奈良法隆寺，并与李承仙应邀赴日，参加奈良法隆寺为壁画落成而举行的开眼仪式。4 月 11 日，日本 NHK 电视台在晚 8 时播放长达 45 分钟的介绍常书鸿的专题片《沿丝绸之路而来的飞天》。

5 月，在杭州浙江美术学院举办常书鸿画展，展出油画 70 幅。杭州电视台于 5 月 9 日播放常书鸿专题片《魂系敦煌》。

8 月，中国美术家协会和文化部在中国美术馆联合举办常书鸿画展，展出油画作品 83 件。

9 月 5 日，中央电视台播放中央电视台和杭州电视台联合摄制的专题片《魂系敦煌——记画家常书鸿》。

任第七届全国政协委员，参加全国政协大会。

作油画《远望宝俶塔》《回忆当年南高峰》《刘丹像》《水仙花》《小青》等。

1989 年

与李承仙合作创作大型四联画《敦煌舞乐和飞天》。

作油画《双鱼》《月季花》《紫玉兰》等。

继续撰写、补充回忆录。

1990 年

继续创作四联画《敦煌舞乐和飞天》。

作油画《邓家牡丹花》《沙漠天宫》《牡丹花》《鲤鱼及福字瓶》《剑兰》《百合花与兰花》等。

继续撰写、补充回忆录。

10月，赴日本参加日本富士美术馆举办的常书鸿、嘉煌父子画展。日本创价大学授予常书鸿名誉博士学位。

整理1980年以来与日本创价学会池田名誉会长的对谈录。

1991年

10月，完成历时近3年创作的四联画《敦煌舞乐和飞天》（400厘米×185厘米）。

12月，常书鸿与池田大作对谈、书信录《敦煌的光彩》，由中国社会科学出版社出版。

作油画《不是春光胜似春光》《香山红叶》《野菊花》《野菊花和小鸟》《飞天和花》等。

1992年

4月，向母校浙江大学赠送名为《梅花欢喜漫天雪》的毛主席肖像油画。拟定向筹建中的常书鸿美术馆赠画50幅。

4月6日，应日本创价学会邀请访问日本。

获日本富士美术馆最高荣誉奖，并接受富士美术馆名誉馆长的称号。

任高校海外联谊会理事。

作油画《千年潮水万年石》《冲绳之树》《热带兰花》《玫瑰与樱花》《月季》《月季和剑兰》等。

撰写和修改回忆录。

1993 年

8月，完成《九十春秋——敦煌五十年》回忆录的撰写工作，之后由浙江大学出版社出版。

1994 年

6月23日，逝世于北京协和医院，享年91岁。根据本人遗愿，葬于敦煌莫高窟（经特批，一小部分骨灰安放在八宝山革命公墓）。

常书鸿先生主要著述

1.《苏俄画坛近况》,《艺风》1934年第2卷第1期。

2.《巴黎中国画展与中国画前途》,《艺风》1934年第2卷第9期;又载于《九十春秋——敦煌五十年》,浙江大学出版社,1994年。

3.《雷诺阿的胜利》,《艺风》1934年第2卷第9期;又载于《九十春秋——敦煌五十年》,浙江大学出版社,1994年。

4.《真与美及其现实》,《艺风》1934年第2卷第8期。

5.《法国近代装饰艺术运动概况》,《艺风》1934年第2卷第8期;又载于《九十春秋——敦煌五十年》,浙江大学出版社,1994年。

6.《法国沙龙简史》,《艺风》1934年第2卷第8期。

7.《中国新艺术运动过去的错误与今后的展望》,《艺风》1934年第2卷第8期;又载于《九十春秋——敦煌五十年》,浙江大学出版社,1994年。

8.《现代绘画上的题材问题》,《艺风》1934年第2卷第8期;又载于《九十春秋——敦煌五十年》,浙江大学出版社,1994年。

9.《本会成立经过》,《艺风》1934年第2卷第8期。

10.《意大利未来派中的天才画家》,《艺风》1935年第2卷第8期。

11.《现代艺术运动的基线》,《艺风》1935年第3卷第8期。

12.《近代装饰艺术的认识》,《艺风》1935 年第 3 卷第 8 期。

13.《有色电影的成功与画家》,《艺风》1935 年第 3 卷第 8 期。

14.《绘画上的实质问题》,《艺风》1935 年第 3 卷第 8 期。

15.《敦煌艺术研究所发现六朝残经》,《史学杂志》1945 年第 1 期。

16.《人与艺术》,《西北文化》第 34 期（敦煌艺术特辑）,1945 年 7 月 12 日。

17.《敦煌艺术与今后中国文化建设》,《文化先锋》第 5 卷第 24 期,1946 年 7 月；又载于《新思潮》第 1 卷第 2 期,1946 年 9 月；又载于《中国敦煌学百年文库·综述卷》（二）,甘肃文化出版社,1999 年。

18.《敦煌艺术与今后中国文化建设》,《西北日报》1946 年 12 月 1 日第 3 版。

19.《敦煌艺术与今后中国文化建设（续）》,《西北日报》1946 年 12 月 2 日第 3 版。

20.《敦煌艺术与今后中国文化建设（续）》,《西北日报》1946 年 12 月 3 日第 3 版。

21.《〈敦煌石室画像题识〉序》,载于《敦煌石室画像题识》,比较文化研究所、国立敦煌艺术研究所、华西大学博物馆联合（成都）出版,1947 年 2 月；又载于《敦煌丛刊初集》第 5 册,新文丰出版股份有限公司,1985 年 6 月。

22.《敦煌艺术特点》,载于《敦煌艺展》（南京区、上海区）,国立敦煌艺术研究编印,1948 年 8 月至 9 月；又载于《中国敦煌学百年文库·艺术卷》（一）,甘肃文化出版社,1999 年。

23.《从敦煌近事说到千佛洞的危机》,《大公报》1948年9月10日。

24.《敦煌千佛洞的今昔(一)》,《昆仑》1949年1月29日第4版。

25.《敦煌千佛洞的今昔(二)》,《昆仑》1949年2月12日第4版。

26.《敦煌千佛洞的今昔(三)》,《昆仑》1949年2月19日第4版。

27.《敦煌千佛洞的今昔(四)》,《昆仑》1949年2月26日第4版。

28.《敦煌千佛洞的今昔(五)》,《昆仑》1949年3月5日第4版。

29.《敦煌千佛洞的今昔(六)》,《昆仑》1949年3月12日第4版。

30.《从敦煌艺术看中国的民族艺术风格及其发展特点》,《艺术生活》1951年第3期;又载于《中国敦煌学百年文库·艺术卷》(一),甘肃文化出版社,1999年。

31.《控诉美国强盗盗窃敦煌文物的罪行》,《光明日报》1951年4月15日第4版。

32.《敦煌艺术》,《新观察》第2卷第9期,1951年5月;又载于《中国敦煌学百年文库·艺术卷》(一),甘肃文化出版社,1999年。

33.《敦煌艺术的源流与内容》,《文物参考资料》第2卷第4期,1951年4月;又载于《敦煌学文选》(上),兰州大学编印,1983年8月;又载于《丝绸之路文献叙录》,兰州大学出版社,1989年9月;又载于《中国敦煌学百年文库·艺术卷》(一),甘肃文化出版社,1999年。

34.《敦煌艺术的源流与内容的概述》,载于《敦煌》,(北京)学习书店出版,1951年5月。

35.《沙漠中的骆驼——记工作八年的敦煌研究所》,《甘肃日报》1951年6月14日。

36.《敦煌文物在兰州的展出》,《光明日报》1952 年 10 月 14 日。

37.《从出土文物展览看卓越的汉唐墓室壁画》,《文物参考资料》1954 年第 4 期。

38.《从敦煌壁画看历代人民生活》,《甘肃日报》1955 年 1 月 12 日第 4 版。

39.《阿旃陀和敦煌——纪念印度阿旃陀石窟艺术 1500 周年》,《光明日报》1955 年 9 月 12 日第 4 版；又载于《丝绸之路文献叙录》,兰州大学出版社, 1989 年 9 月。

40.《敦煌的壁画》, 水野清一译, 东京平凡社, 1958 年 3 月。

41.《敦煌壁画中的历代人民生活画》,《文物参考资料》1956 年第 2 期；又载于《中国敦煌学百年文库·艺术卷》(一), 甘肃文化出版社, 1999 年。

42.《谈敦煌图案》,《文物参考资料》1956 年第 8 期；又载于《中国敦煌学百年文库·艺术卷》(一), 甘肃文化出版社, 1999 年。

43.《长期坚持敦煌壁画临摹工作的李承仙同志》,《美术》1956 年 9 月。

44.《〈敦煌壁画集〉序言》, 载于《敦煌壁画集》, 文物出版社, 1957 年 6 月。

45.《敦煌莫高窟介绍——中国人民的艺术宝库》, 载于《敦煌莫高窟》, 甘肃人民出版社, 1957 年 11 月。

46.《从中日文化交流历史说到敦煌艺术在日本展出》,《美术》1958 年 6 月。

47.《敦煌艺术在日本》,《文汇报》1958 年 4 月 8 日。

48.《敦煌》,《佛教艺术》第 34 期（敦煌佛教美术特集）, 1958

年5月。

49.《漫谈古代壁画技术》,《文物参考资料》1958年第11期；又载于《中国敦煌学百年文库·艺术卷》（一），甘肃文化出版社，1999年。

50.《敦煌的塑像》，与北川桃雄合编，东京美术出版社，1958年。

51.《敦煌图案（代序）》，载于《敦煌唐代图案选》，人民美术出版社，1959年5月。

52.《大放光彩的千佛洞》,《甘肃日报》1959年9月30日第4版。

53.《敦煌十年（回忆录）》,《红旗手》1959年第10期。

54.《敦煌莫高窟壁画》，载于《敦煌壁画》，文物出版社，1960年3月。

55.《敦煌彩塑》，载于《敦煌彩塑》，人民美术出版社，1960年4月；又载于《中国敦煌学百年文库·艺术卷》（一），甘肃文化出版社，1999年。

56.《敦煌莫高窟的维修工作》,《甘肃日报》，1961年5月9日第4版；又载于《中国敦煌学百年文库·石窟保护卷》，甘肃文化出版社，1999年。

57.《祖国艺术的瑰宝》,《解放日报》1962年2月18日第4版。

58.《敦煌的春天——从敦煌近事说到祖国的文物工作》,《文汇报》1962年2月1日。

59.《礼失而求诸野》,《甘肃日报》1962年6月2日第3版。

60.《从"人"大于"山"说起》,《人民日报》1962年7月第6版。

61.《夏天的敦煌》,《文汇报》1962年8月11日。

62.《喜鹊的故事——敦煌散记之一》,《文汇报》1962 年。

63.《敦煌抒感》,《人民文学》1963 年 11 月。

64.《敦煌新姿》,《光明日报》1965 年 10 月 7 日第 4 版。

65.《敦煌莫高窟》(稿本),1965 年 10 月;又载于《中国敦煌学百年文库·综述卷》(二),甘肃文化出版社,1999 年。

66.《武威出土的东汉铜奔马——学习祖国历史文物笔记》,《光明日报》1973 年 1 月 6 日第 3 版。

67.《敦煌壁画与江青的复辟梦》,《甘肃日报》1976 年 12 月 23 日第 5 版。

68.《周总理关怀敦煌文物工作》,《甘肃日报》1977 年 1 月 9 日第 3 版;又载于《中国敦煌学百年文库·综述卷》(二),甘肃文化出版社,1999 年。

69.《怀念·回忆·决心》,《甘肃日报》1978 年 3 月 3 日第 3 版。

70.《我的敦煌生活三十六年——莫高窟的风铎之音》,《人民中国》1979 年第 6 期。

71.《莫高窟檐角的铁马响叮当——我在敦煌数十年》,《敦煌文史资料选辑》第 1 辑,政协甘肃省敦煌市委员会编印,1991 年 6 月;又载于《中国敦煌学百年文库·综述卷》(二),甘肃文化出版社,1999 年。

72.《敦煌壁画资料》,生江义男译,《亚洲经济旬报》别册,1978 年 10 月。

73.《敦煌莫高窟艺术》,《文物》1978 年第 12 期;又载于《中国敦煌学百年文库·艺术卷》(一),甘肃文化出版社,1999 年。

74.《丝绸之路上的一颗明珠——介绍敦煌莫高窟艺术》,《光明日报》1978年12月27日第3版。

75.《回忆与悼念》，载于《悼念郭老》，生活·读书·新知三联书店，1979年5月。

76.《敦煌的万里长城》，《艺术世界丛刊》1979年第1期。

77.《敦煌石窟艺术》，《甘肃日报》1979年9月。

78.《参观〈敦煌艺术摄影展览〉有感》，《光明日报》1979年12月12日第3版。

79.《敦煌莫高窟的艺术》，载于《敦煌的美术》，东京大日本绘画发行，1979年。

80.《敦煌的艺术》，土居淑子译，京都同朋社，1980年4月。

81. 与李承仙合作《敦煌飞天》，载于《敦煌飞天》，中国旅游出版社，1980年7月。

82.《石窟初次巡礼》，载于《文化史料丛刊》第1辑，北京文史资料出版社，1980年8月。

83.《敦煌的艺术》，京都同朋社，1980年12月。

84.《敦煌莫高窟艺术（代序）》，《敦煌的艺术宝藏》，文物出版社、生活·读书·新知三联书店香港分店，1980年10月；又载于《敦煌艺术》，台湾里仁书局，1981年3月。

85.《乡音》，《浙江日报》1981年4月1日。

86.《为阿Q造像》，《光明日报》1981年9月27日第4版。

87.《敦煌艺术研究》，《艺术新潮》第9卷第3期。

88.《敦煌》，《佛教艺术》第34期。

89.《〈敦煌莫高窟〉序》，载于《中国石窟·敦煌莫高窟》（一），文物出版社、平凡社，1981年12月。

90.《怀念画家韩乐然同志》,《社会科学战线》1982 年第 4 期。

91.《敦煌的风铎（日文）》, 秋冈家荣译,《学习与研究》, 1982 年。

92.《敦煌艺术——在日本所作第六回石坂纪念讲演》, 1983 年。

93.《我与敦煌——在日本所作第六回石坂纪念讲演》, 1983 年。

94.《一万四千六百昼夜——我与敦煌四十年》,《每日新闻》1983 年 7 月 26 日; 又载于《大公报》1983 年 8 月 2 日第 4 版。

95.《敦煌壁画与野兽派绘画》, 香港《美术家》第 36 期, 1984 年 2 月。

96.《〈敦煌历代服饰图案〉序》, 载于《敦煌历代服饰图案》, 香港万里书店有限公司、轻工业出版社, 1986 年 10 月。

97.《敦煌莫高窟（代序）》,《敦煌艺术图典》, 艺术家出版社, 1991 年 3 月。

98.《敦煌的光彩——池田大作与常书鸿对谈、书信录》, 高屹、张同道编译, 中国社会科学出版社, 1991 年。

99.《祖国》,《人民日报》1993 年 3 月 29 日第 8 版。

100.《九十春秋——敦煌五十年》, 浙江大学出版社, 1994 年。

101.《新疆石窟艺术》, 中共中央党校出版社, 1996 年。

102.《坚守敦煌》,《新语丝》2001 年 5 月 12 日。

池田大作先生大事记

1928 年

1月2日，出生于东京。

1951 年

9月，创办创价学会机关报《圣教新闻》。

1960 年

5月，就任创价学会第三任会长。

1961 年

1月，首次访问香港。

1963 年

9月，会见高碕达之助。

10月，创办民主音乐协会（民间）。

1964 年

6月，宣布建设大学的构思。

11月，创建公明党。

1966 年
5 月，接到周总理委托吉佐和子转达的访问中国的邀请。

1968 年
9 月，发表"中日邦交正常化"的倡言。

1974 年
5 月，首次访问中国，受到李先念副总理的接见。

9 月，首次访问苏联，受到柯西金总理的接见。

12 月，第二次访问中国，受到周总理、邓小平副总理的接见。

1975 年
1 月，创办国际创价学会，同时就任该会会长。

4 月，创价大学接受新中国第一批 6 名留学生。

4 月，第三次访问中国，受到邓小平副总理的接见。

1976 年
1 月，周恩来总理逝世，到中国大使馆吊唁周总理。

1978 年
8 月，与中日友好协会副会长赵朴初会面。

8 月，与中华全国青年联合会一行会面。

9 月，第四次访问中国，受到李先念副总理、邓颖超同志等的接见。

1979 年

4 月，与中华全国青年联合会一行会面。

4 月，邓颖超同志访日，到迎宾馆拜访邓颖超同志。种植了"周夫妇樱"。

5 月，就任日本创价学会名誉会长。与中日友好协会会长廖承志会面。

1980 年

3 月，与中国大使符浩会面。

4 月，与巴金先生、冰心女士会面。

4 月，第五次访问中国。

1982 年

5 月，与中国驻日大使宋之光会面。

1983 年

10 月，与中日友好协会副会长孙平化会面。

11 月，创办东京富士美术馆。

1984 年

4 月，与中日友好协会名誉会长王震会面。

6 月，第六次访问中国，被授予北京大学、复旦大学名誉教授。

1989 年

4 月,受到李鹏总理的接见。

1990 年

5 月,第七次访问中国,同时率领 200 名团员访华。与邓颖超女士会面。

1992 年

10 月,第八次访问中国,受聘为中国社会科学院名誉教授。

1994 年

1 月,第九次访问中国。

1997 年

4 月,与中华全国青年联合会代表团一行会面。

5 月,第十次访问中国。

11 月,受到李鹏总理的接见。

1998 年

4 月,受到胡锦涛副主席的接见。

11 月,受到江泽民主席的接见。

1999 年

4 月,与中国驻日大使陈健会面。

2002 年

9月,"池田大作诗歌书画摄影展"在中国革命博物馆举行。

2006 年

10月,获北京师范大学授予的第200个"名誉教授"称号。

2007 年

4月,受到温家宝总理的接见。

2008 年

5月,受到胡锦涛主席的接见。

2009 年

12月,"周恩来·池田大作思想国际青年学术研讨会"在南开大学举行。

池田大作先生著述（中文版）

1.《展望二十一世纪》（与汤因比对谈集），北京：国际文化出版公司，1985年1月第1版。

2.《青春寄语》，长春：吉林人民出版社，1986年8月第1版。

3.《女性箴言》，长春：吉林人民出版社，1986年8月第1版。

4.《21世纪文明与大乘佛教——海外诸大学演讲集》，台北：正因文化事业有限公司，1987年1月第1版。

5.《池田大作选集》，卞立强选编，北京：北京大学出版社，1988年5月第1版。

6.《永远的经典——学习御书》，创价协会编译，台北：正因文化事业有限公司，1988年5月第1版。

7.《二十一世纪的警钟》（与贝恰对谈集），卞立强译，北京：中国国际广播出版社，1988年6月第1版。

8.《和平、人生与哲学》（与基辛格对谈集），卞立强译，北京：中国国际广播出版社，1988年10月第1版。

9.《四季雁书》（与井上靖合著），仁章译，长春：吉林人民出版社，1990年1月第1版。

10.《第三条虹桥》（与罗古诺夫对谈集），卞立强译，北京：中国国际广播出版社，1990年3月第1版。

11.《我的佛教观》，业露华译，成都：四川人民出版社，1990年4月第1版。

12.《社会与宗教》（与威尔逊对谈集），成都：四川人民出版社，1991年10月第1版。

13.《敦煌的光彩——池田大作与常书鸿对谈、书信录》，高屹、张同道编译，北京：中国社会科学出版社，1991年12月第1版。

14.《佛教一千年》，王尊仲译，香港：牛津大学出版社，1992年1月第1版。

15.《人生寄语——池田大作箴言集》，上海：上海社会科学院出版社，1992年2月第1版。

16.《吉川英治：作家与作品》，石观海译，武汉：武汉大学出版社，1992年6月第1版。

17.《走向21世纪的人与哲学——寻找新的人性》（与狄尔鲍拉夫对谈集），北京：北京大学出版社，1992年9月第1版。

18.《飞架太平洋的虹桥》，长沙：湖南少年儿童出版社，1992年10月第1版。

19.《我的人学》，北京：北京大学出版社，1990年3月第1版。

20.《世界市民的展望——池田大作选集》，香港：三联书店（香港）有限公司，1993年1月第1版。

21.《我的释尊观》，潘桂明译，成都：四川人民出版社，1993年5月第1版。

22.《佛法·西与东》，王健译，成都：四川人民出版社，1996年3月第1版。

23.《和平世纪的倡言》（大学讲演集），香港：天地图书有限公司，1997年1月第1版。

24.《生生不息为和平：保林和池田大作对话录》，香港：牛津大学出版社，1997 年 1 月第 1 版。

25.《池田大作思想小品》，程郁、禾声编译，上海：上海社会科学院出版社，1997 年版。

26.《续·我的佛教观》，成都：四川人民出版社，1998 年 4 月第 1 版。

27.《心灵四季》，吴瑞钧、王云涛译，北京：时事出版社，1998 年 9 月第 1 版。

28.《探求一个灿烂的世纪》（与金庸对谈集），孙立川译，北京：北京大学出版社，1999 年 1 月第 1 版。

29.《我的天台观》，卞立强译，成都：四川人民出版社，1999 年 3 月第 1 版。

30.《法华经的寿量》，香港：明报出版社有限公司，2000 年 1 月第 1 版。

31.《新女性抄》，上海：上海财经大学出版社，2000 年 1 月第 1 版。

32.《青春对话：与二十一世纪主人翁倾谈》，北京：中国友谊出版公司，2000 年 5 月第 1 版。

33.《人生问答》（与松下幸之助对谈集），北京：中国文联出版社，2000 年 11 月第 1 版。

34.《理解·友谊·和平——池田大作诗选》，文洁若译，北京：作家出版社，2002 年 8 月第 1 版。

35.《理解·友谊·和平——池田大作讲演、随笔集》，北京：作家出版社，2002 年 8 月第 1 版。

36.《孩子的世界》（与里哈诺夫合著），卞立强、李力译，北京：

中国文联出版公司，2002年10月第1版。

37.《人生的坐标》，上海：上海外语教育出版社，2002年10月第1版。

38.《池田大作集》，何劲松编选，上海：上海远东出版社，2003年1月第1版。

39.《希望对话：给21世纪的青少年》，创价协会译，香港：明报出版社有限公司，2003年1月第1版。

40.《黑夜寻求黎明》（与尤伊占对话集），北京：中国国际广播出版社，2003年10月第1版。

41.《畅谈东方智慧》（与季羡林、蒋忠新对谈集），卞立强译，成都：四川人民出版社，2004年1月第1版。

42.《时代精神的潮流》，香港：商务印书馆（香港）有限公司，2005年2月第1版。

43.《20世纪的精神教训》（与戈尔巴乔夫对谈集），北京：社会科学文献出版社，2005年6月第1版。

44.《畅谈世界哲学——钱德拉与池田大作对谈录》，香港：明报出版社有限公司，2005年6月第1版。

45.《与自然对话——池田大作摄影集》，广州：岭南美术出版社，2005年10月第1版。

46.《青春岁月读书感悟》，刘晓芳译，北京：作家出版社，2006年4月第1版。

47.《我的世界交友录》，长沙：湖南师范大学出版社，2006年9月第1版。

48.《新人间革命》，香港：天地图书有限公司，2006年12月第

1 版。

49.《第三青春：高龄化社会的省思》，台北：正因文化事业有限公司，2006 年版。

50.《人物随想集》，台北：正因文化事业有限公司，2006 年版。

51.《新人类　新世界：畅谈教育与社会》（与沙德维尼兹对谈集），台北：正因文化事业有限公司，2006 年版。

52.《谈幸福》，北京：中国文联出版社，2007 年 3 月第 1 版。

53.《探索地球的和平》（与罗特布拉特对谈集），台北：正因文化事业有限公司，2007 年版。

54.《健康与人生——畅谈生老病死》（与西马、布尔若对谈集），香港：商务印书馆（香港）有限公司，2007 年 4 月第 1 版。

55.《对话的文明——谈和平的希望哲学》（与杜维明对谈集），卞立强、张彩虹译，成都：四川人民出版社，2007 年 10 月第 1 版。

56.《给你希望、勇气和幸福——365 日》，香港：商务印书馆（香港）有限公司，2008 年 5 月第 1 版。

57.《365 日给女性的赠言》，卞立强译，成都：四川人民出版社，2008 年 11 月第 1 版。

58.《孩子们是"未来的宝贝"：教育箴言录》，北京：中国文联出版社，2005 年 4 月第 1 版。

59.《文化艺术之旅》（与饶宗颐、孙立川对谈集），香港：天地图书有限公司，2009 年版。

60.《我的中国观》，成都：四川人民出版社，2009 年 9 月第 1 版。

附录二

通往罗马的丝绸之路

——记敦煌文物研究所所长常书鸿

池田大作

"对、对,先生还是见一下这个人为好,敦煌文物研究所的常书鸿所长。他是敦煌艺术的卫士,是人类艺术宝库的守护神,除非有一名出色的接班人,否则,如果没有他,敦煌艺术的研究将会步履维艰。"

今年4月(1980年),我第五次访问中国。我每次访问时,中日友好协会的孙平化副会长都对我照顾甚周。那时,从他嘴里,我才知道了关于常书鸿先生的消息。

敦煌——拥有神奇魅力的名字,中国西北部丝绸之路上的一片绿洲。它曾是运送丝织品的商队往返沙漠时必经的中转站。那些坐落在敦煌附近的洞窟群珍藏了无数艺术瑰宝,可以称得上是东方艺术史上最宏大的古代艺术宝库。

"他是跟敦煌佛教艺术赌着活下来的,也可以说他是被佛教艺术所迷惑的人。"

我在孙平化副会长那里听到这些赞美的话,不久便见到了常书鸿先生。

常书鸿先生跟夫人李承仙女士一起来到我下榻的北京饭店与我见面。他77岁了,但身体却那样健壮,圆脸上有一双慈祥的眼睛,眉毛呈八字形。看起来，他是一位性情温和的老人。

初次见面，匆匆寒暄之后，我在房间的一角接待了他们。当时，从窗口望出去，春天的阳光洒在北京的楼房上。

"我从孙平化先生那里听到常书鸿先生的一些故事，人称'敦煌狂'。"我的话一出口，引得满座大笑。常书鸿先生面颊绯红，也不好意思地笑了笑。

"不，不是'狂'，是'先驱者'。"我纠正刚才的话。

"那么，就让我们从'敦煌狂'开始谈吧！"

常先生愉快地接受了，顿时房间里充满了笑声。但是，常先生的笑容背后有一丝回首往事的乡愁。他生在浙江杭州的西子湖畔。我也曾到过这个美丽的地方，在湖边漫步，在湖中划船，在湖滨小憩。在这美丽的环境里，可以想象，常先生从小便对美术产生了浓厚的兴趣。

1927年，常书鸿到了法国。当时，他正醉心于西洋的美术。

"我一直这样想，学西洋画，应当去意大利和法国。可是有一天，我在巴黎看到一本关于敦煌的画册。作为一名中国人，我竟然不知道祖国的敦煌。我想这可不行。"

在法国，常书鸿在里昂国立美术专科学校、巴黎国立高等美术学校学习过。不久，他的作品在展览会上获了奖。

后来有一天，他在塞纳河畔的一个旧书摊上发现了一本敦煌画集。那是一本让人沉醉的中国古代艺术画卷，并且是通过外国人的手从中国运出去的。他年轻的心开始从西洋转向自己的祖国。那时，中国正处于日本军国主义的蹂躏之下。

"是的，回国吧！回到那拥有敦煌石窟的祖国！为了它，献出你的一切吧！"在法国住了10年的常书鸿，痛苦地明白了自己肩负的重任。

"32岁时我回到了祖国。当时，正值战乱，新疆控制在军阀手里。直到重新归顺中央政府，我才于1943年实现了去敦煌的愿望。"

那是一次艰难的敦煌之行，在沙漠上，他骑着骆驼一步一摇地走到了终点。举目望去，从4世纪到14世纪绚烂的壁画、色彩缤纷的精美雕塑群像尽收眼底。

"使我惊诧的是，1900年左右，英法两国传教士已经从敦煌盗去了大量的珍贵文物。"常先生摊开双手无限感慨。敦煌遗书中有很多关于佛教、道教等的古文书籍，这些在东方史学史上都拥有无与伦比的价值。可是，英法的探险队将它们带走了。

"我应该成为这座艺术宝库的守护者——埋在沙漠中、濒于崩溃的洞窟群唤起了我新的决心。"

从那以后的30多年里，常书鸿先生在石窟旁边的研究所里度过了他的大半生。那大半生是一段苦难的岁月。国民党政府一度停发研究经费，粗衣淡饭自不待言，那灼热的盛夏炎日、酷冷的严冬寒风、干燥的亚细亚气候，都使他倍受折磨。那里有时还会刮起难以忍受的狂沙风暴，因为敦煌正北方是一片空旷的戈壁沙漠。

新中国成立后，他与同事们才能够顺利地进行作品的临摹和保护、洞窟的修复和加固以及综合研究等工作。但是，在所谓的"四人帮"时代，他又遭遇了空前的劫难。他被批判，被说成是"壁画中妖魔鬼怪的主帅"，之后被调出研究所达4年之久。曾有人问他那段时间是否想过自杀，他说："没有。我没干什么坏事，为什么要自杀？"

常先生拿出尚未公开出版的敦煌石窟画册给我们看。一股清纯的气息在空中散布开来,这是一个在苦难中从未动摇过信念的人在和平环境里所发出的气息。坐在旁边的是和他一起从事艰辛的研究工作、患难与共的夫人李承仙女士,她微笑着,脸上流露出安然的表情。

常先生对我提出的各种问题都做了回答。然后,我们在桌子上摊开记录纸,在上面画好地图,用汉字把武威、张掖、酒泉、敦煌等地点标出来。这是汉武帝设的4个边镇的名字,它们都排列在从兰州到敦煌的丝绸之路上。

常先生解释道,沿着这条路线,越过葱岭山脉到达克什米尔,这是佛教传入的一条通道。法显和玄奘两位大师去印度时便是通过敦煌西行的,而敦煌艺术是为宣扬佛教才兴起的。

于是,我们的话题又转到与希腊文化的联系上。我从常先生那里了解到这样一个史实:随亚历山大东征军而来的宫廷艺术家留在犍陀罗建造过佛像。

"最初建造佛像的是希腊的佛教徒。印度的佛教徒认为建造佛像是不敬的,所以印度没有造佛像。或许是印度的佛教徒们敬畏释迦,或者是真心的虔教。但是,希腊的佛教徒在建造佛像时,给这些佛像带上了欧洲的阿波罗[1]的神态。"

我们的丝绸之路之谈在午饭过后继续,进行了两个半小时,成为一次长谈。

"祝常先生的大名越来越'敦煌'。"

我这样一说,常先生吃了一惊。敦是"大",煌是"闪光"的意思,这是刚从常先生那里学到的。

---

[1] 阿波罗是古希腊神话中的太阳神。——编者注

"祝您名望日隆,大放光彩。"我补充道。"谢谢。"常书鸿先生说过后破颜大笑。

"我希望下次在敦煌见到你。"

道完别,我的眼前仿佛浮现出云带、沙丘和从未见过的丝绸之路古迹。

人生的桂冠只能在"战斗"中获得[1]
——赠常书鸿先生

池田大作

常书鸿先生只有在今天才作为守护敦煌艺术的大功臣、大画家拥有不可动摇的地位。而在以往漫长的岁月中,在长年得不到别人承认、喝彩的舞台背后,他一直是一个人在坚持奋斗。

在交谈中,我问常先生:"最艰苦的时期是什么时候?"

也许是因为我自己的经历之故,对历尽人生风霜的人,我总要提出这个问题。这是因为,如何经受人生的考验最能彰显一个人的真正价值。而且,发自内心的声音有着书面语言无法表达的真情实感。常先生坦率地把着手敦煌工作后的苦难处境告诉了我们。

那时,国民党政府下令解散了常先生的研究所。当然,必要的研究经费也拒绝拨付。

特别是在与困难斗争的艰苦时期,常先生的前妻又离他而去,留给他一个13岁的女儿和一个3岁的儿子。

这个精神打击太大、太沉重了!"是留在敦煌与困难做斗争,还是回到都市过安逸的画家生活呢?"他的心在煎熬中挣扎着。

谈到当时的心情,常先生双鬓微红,由此我们看到了他回首往事

---

[1] 本文是作者1989年5月4日以常书鸿的事迹为中心对日本青年发表的演讲。演讲稿刊登于同年5月7日的《圣教新闻》第5版。——编者注

时的痛苦表情。

但是，常先生曾这样对自己说："书鸿啊，书鸿，你为何回国？为何来到这荒僻之地？坚强起来！心向不同，夫妻难为，本在情理之中。从哪里跌倒，就从哪里爬起来。不论前面有多少困难，你都要踏着坚实的大地继续前行！"

在漫长的人生中，肯定会有最为困难的时刻。如果没有人给予鼓励，只是一个人独自忍受苦难、独自烦闷，那么，这时在你面前的只有并且肯定是后退的诱惑。

然而，引导你走出困境的绝不会是别人，而是自身生命内部涌出的压力和声音。它是最根本的力量。而且，只有不向困难妥协，挖掘自身的潜能才是青春应有的课题。从这个意义上说，没有比毫无苦难的人生更为空虚的了。

此后，常先生又经历了许多磨难。在"文化大革命"中，他受到残酷的折磨。"常书鸿的敦煌保护和研究是阴谋。敦煌艺术是毒杀人民的精神鸦片，这比枪炮更危险，罪恶更深重。这一切的元凶就是常书鸿。"他因这些捏造的罪名连日被强制向人们谢罪。

常先生回忆往日艰苦奋斗的历程时，娓娓而谈，感慨万千。那百感交集的情景，不禁让人叹息。

"人生是战斗的连接。每当一个困难被克服，另一个困难便会出现。人生也是困难的反复，但我决不后退。我的青春不会再来，不论有多大的困难，我一定要战斗到最后。"这便是常先生的信条。

在这一步一步的人生历程中，常先生用生命守护着敦煌，他以从敦煌宗教中悟到的独特语言对宇宙进行思考。对以佛法为基调，致力于和平、文化和教育事业的"创价运动"，常先生寄予深切的厚望。

由此可见，以"人"为主角的新的"民众运动"已成为时代的要求。

最后，我围绕中国西部佛教遗迹"敦煌"简单地讲一下。

遥远的"丝绸之路"上的宝石——敦煌，是真正历经千年营造的佛教艺术宝库。

然而，近代以来，闪烁着残余的"美"和"浪漫"的瑰宝为流沙所掩埋，破坏极为严重。石窟被任意掠夺，壁画剥落、崩塌，状况极为不妙，让人很难想象这竟是"珍宝"！

就在敦煌的"光芒"渐近消失之际，一个人毅然挺身而出，把自己的生命献给敦煌的复兴事业。这位有"信念"的人便是敦煌研究院名誉院长常书鸿先生。

10年来，我与常先生会谈过好几次，在交谈中我们加深了友谊。对谈集的出版工作现在也在进行中。

去年的这个时候我在东京见到了他。那时，我请他为我画一幅樱花。他尽管很疲倦，但还是愉快地当场运笔，潇洒地为我画了一幅。

一流的人物总是坦率的，不做作，诚心待人，态度谦虚。常先生可以称得上是中国的"人间国宝"，他崇高的人格永远都散发着耀眼的光芒。

在漫长的人生旅途中，常先生守护着敦煌，使敦煌再生，这是堂堂正正的、真正的人生！我衷心为之鼓掌！（热烈鼓掌）

常先生今年85岁了。在他走过的岁月里，历史在闪光，浪漫在闪光，美丽的人生在闪光！我也希望诸君奏出自己人生的凯歌。这是我的人生赠言。

恩师户田先生经常说："我想赠给青年一颗男子汉的心。"这是他人生晚年的肺腑之言，我也衷心地献给你们一颗相同的"心"。（热

烈鼓掌）

　　最后，我衷心祝大家健康成长、勤奋自勉。就把这些作为我今天的演讲吧！（热烈鼓掌）

创价学会副会长三津木俊幸先生
致常书鸿先生的信

常书鸿先生：

你好，想常先生身体健康。

池田大作名誉会长在5月4日创价学会的纪念集会上，面向全日本20万青少年发表演讲，内容是以与常先生的交流和赞扬常先生守卫敦煌的事为中心，现把当天的报纸寄上留念。内容简单由洲崎周一翻译如下：

1. 去年常先生访问日本时，在百忙之中抽出时间来与我见面，并不辞辛苦地为我画了一张樱花画。一流的人物总是坦率的，不做作，诚心待人，态度谦虚。常先生可以称得上是中国的"人间国宝"。

2. 常先生又是守护敦煌有大功劳的人。他说常先生克服国民党的压力和家庭内的问题，坚决守护敦煌，并以此勉励青少年：人生的桂冠只能在"战斗"中获得。

3. 常先生今年已经85岁，一生的历史充满传奇色彩，充满光辉。他劝勉青少年要脚踏实地为自己开创一个精彩的人生。

《圣教新闻》是发行量能达到480万册的日刊，通过池田名誉会长的介绍，相信常先生会更加受到创价学会全国会员的尊敬。

祝健康，并希望9月在北京见。请向夫人问好。

三津木俊幸

1989年5月8日

池田大作先生致常书鸿先生的信

尊敬的常书鸿先生：

骄阳伴着白云，在蓝天上辉耀着，在这夏意正浓的季节里，想先生及夫人身体安康。

上次收到了敦煌研究院寄来的《敦煌研究》，看到了书中的各种宝贵资料，这些都是常先生多年心血的结晶，在此对各位长年累月的努力表达衷心的敬意。

为了祈愿今后的友好发展，并对常书鸿先生的宝贵贡献表示感谢，我特地写了一首诗，送给先生做纪念。

敦煌
——赠常书鸿先生

西湖可赏莲　碧波叶田田
孤山红梅艳　秋月竞争先
家境虽贫寒　英才出少年
不畏艺道险　壮志凌云烟
艺都属巴黎　名画古今奇
十载寒窗苦　临池志不移
暮秋逢塞纳　奇书挽国魂
梦萦神州路　敦煌荐此身

盛衰兴亡事　壮烈记史诗
虽经千岁月　绮彩自神驰
归国逢动乱　七载肝肠断
惨淡昏沙日　大漠逆风时
西望行重重　戈壁绝人踪
刺骨寒风劲　天漠混一同
荒漠沙如海　其中别有天
杏花齐争艳　杨骄水潺潺
梦寐不能忘　佛窟遍敦煌
似曾相识地　万感涌心房
鸣沙盖荒岭　断崖显孤零
开山凿洞穴　宝藏储光明
中原赴西域　羁旅多怅然
无边荒海界　进出惊世音
欲求汗血马　远征天山路
大将骑当先　汉军战匈奴
骆驼伴商行　文化耀西东
众僧求道苦　月氏命途穷
开山创洞窟　佛光东普照
白驹飞过隙　营营逾千秋
岁月自流转　盛衰十代传
荒漠绿洲里　艺花开满园
惜时繁华梦　眼前化为空
天灾复人祸　流沙淹佛洞

苦卫数十载　珍贵文化财
赤诚忠心念　后继有人来
美术出宝洞　红日升天中
世界齐赞赏　万民仰威容
纵横四五万　壁画安然仁
画廊黄沙筑　空前绝后无
塑像逾数千　华美似昔年
山河兴亡史　民族耀光时
北京春意早　双七迎常老[1]
坚诚伟风貌　内贤助英豪
荏苒五载长　晚秋会扶桑
埼玉文化节[2]　青春耀荣光
邻邦曾不睦　战火侵大陆
青年奋斗起　卫国献身躯
"前事不应忘　后事作师长"
赠画题心意[3]　愿育众贤良
友谊种又栽　东瀛艺花开
敦煌威光耀　三度喜重来
月泉五色沙　两峰骆驼皮

---

[1] 北京春意早，双七迎常老：1980年4月23日，池田大作与常书鸿在北京第一次相见。当时，常书鸿正值77岁。

[2] 埼玉文化节：1985年秋，常书鸿访问日本，在埼玉县参观了由池田大作任名誉会长的创价学会组织的文化节活动。

[3] 赠画题心意：1985年，常书鸿将一幅题名为《雪中的莫高窟》的作品赠给池田大作。画上有常书鸿的题词："前事不忘，后事之师。"

莫高神梦里　赠物寄友谊

"褐色驼峰上　金鞍载友情

白色驼峰上　银鞍送和平"

仲秋宴满月　八二庆高龄

"金峰"配"银岳"　祝辞表心声

艺海本无涯　愿觅智慧花

丹青惊魂魄　环宇耀光华

愿渡丝绸路　访君佛洞前

苦心扬文化　共语忆当年

　　　　　　　　常书鸿先生指正

致常书鸿先生的一封信

尊敬的常书鸿先生：

正是微风荡漾的初夏时分，想常书鸿先生夫妇身体健康。

收到了常先生寄来的序和充满理解与友情、体现了常先生宽阔心胸的口讯，衷心地表示感谢。尤其是在知道常先生于繁忙的工作中特别抽出宝贵的时间来为这本对谈集写序后，我十分感动。

能够与常先生对谈，是我人生中最喜悦的事，而且我相信这本书一定能够流传后世。今后在出版的过程中，要是有什么问题，请随时提出，我非常乐意解决。

我明天开始访问欧洲各国，出发前特以这封信表达我的谢意。

最后，谨祝常先生夫妇健康长寿，工作愉快。

池田大作

1989 年 5 月 19 日

敦煌